Maravillas

Tu turno
Cuaderno de práctica

Mc
Graw
Hill
Education

www.mheonline.com/lecturamaravillas

C

Contenido

Unidad 1 • Amigos y familia

Semana 1

Amigos que se ayudan

Vocabulario 1
Organizador gráfico 2
Comprensión y fluidez 3
Comprensión: Detalles clave y fluidez 5
Género 6
Estrategia de vocabulario: Terminaciones
   de palabras 7
Elemento de escritura: Ideas 8
Escritura basada en las fuentes 9

Semana 2

Familias del mundo

Vocabulario 10
Organizador gráfico 11
Comprensión y fluidez 12
Comprensión: Personaje, ambiente,
   sucesos y fluidez 14
Género 15
Estrategia de vocabulario: Raíces
   de palabras 16
Elemento de escritura: Organización 17
Escritura basada en las fuentes 18

Semana 3

Mascotas amigas

Vocabulario 19
Organizador gráfico 20
Comprensión y fluidez 21
Comprensión: Personaje, ambiente,
   sucesos y fluidez 23
Género 24
Estrategia de vocabulario: Claves
   de contexto 25
Elemento de escritura: Selección
   de palabras 26
Escritura basada en las fuentes 27

Semana 4

Cuidar a los animales

Vocabulario 28
Organizador gráfico 29
Comprensión y fluidez 30
Comprensión: Detalles clave y fluidez 32
Género 33
Estrategia de vocabulario: Raíces
   de palabras 34
Elemento de escritura: Organización 35
Escritura basada en las fuentes 36

Semana 5

Las familias trabajan juntas

Vocabulario 37
Organizador gráfico 38
Comprensión y fluidez 39
Comprensión: Detalles clave y fluidez 41
Género 42
Estrategia de vocabulario: Terminaciones
   de palabras 43
Elemento de escritura: Fluidez de
   la oración 44
Escritura basada en las fuentes 45

Contenido

Unidad 2 • El misterio de los animales

Semana 1
Los animales y la naturaleza
Vocabulario 46
Organizador gráfico 47
Comprensión y fluidez 48
Comprensión: Trama y fluidez 50
Género 51
Estrategia de vocabulario: Prefijos 52
Elemento de escritura: Ideas 53
Escritura basada en las fuentes............ 54

Semana 2
Fábulas de animales
Vocabulario 55
Organizador gráfico 56
Comprensión y fluidez...................... 57
Comprensión: Problema y solución,
   y fluidez................................... 59
Género 60
Estrategia de vocabulario: Sufijos 61
Elemento de escritura: Ideas 62
Escritura basada en las fuentes............ 63

Semana 3
Hábitats de animales
Vocabulario 64
Organizador gráfico 65
Comprensión y fluidez 66
Comprensión: Tema principal y detalles
   clave, y fluidez 68
Género 69
Estrategia de vocabulario: Sufijos.......... 70
Elemento de escritura: Organización 71
Escritura basada en las fuentes............ 72

Semana 4
Crías de animales
Vocabulario 73
Organizador gráfico 74
Comprensión y fluidez 75
Comprensión: Tema principal y detalles
   clave, y fluidez 77
Género 78
Estrategia de vocabulario: Significados
múltiples 79
Elemento de escritura: Selección
   de palabras 80
Escritura basada en las fuentes............ 81

Semana 5
Animales en poemas
Vocabulario 82
Organizador gráfico 83
Comprensión y fluidez 84
Comprensión: Detalles clave y fluidez 86
Género/Elemento literario 87
Estrategia de vocabulario: Significados
   múltiples 88
Elemento de escritura: Selección
   de palabras 89
Escritura basada en las fuentes............ 90

Unidad 3 · Vivir y aprender

Semana 1
Las fuerzas de la Tierra

Vocabulario 91
Organizador gráfico 92
Comprensión y fluidez 93
Comprensión: Propósito del autor
y fluidez 95
Género 96
Estrategia de vocabulario: Símiles 97
Elemento de escritura: Organización 98
Escritura basada en las fuentes............ 99

Semana 2
Mirar el cielo

Vocabulario 100
Organizador gráfico 101
Comprensión y fluidez.................... 102
Comprensión: Secuencia y fluidez 104
Género 105
Estrategia de vocabulario: Palabras
compuestas 106
Elemento de escritura: Selección
de palabras 107
Escritura basada en las fuentes........... 108

Semana 3
Gente que ayuda

Vocabulario 109
Organizador gráfico 110
Comprensión y fluidez 111
Comprensión: Propósito del autor
y fluidez 113
Género 114
Estrategia de vocabulario: Sinónimos 115
Elemento de escritura: Voz 116
Escritura basada en las fuentes........... 117

Semana 4
Alerta meteorológica

Vocabulario 118
Organizador gráfico 119
Comprensión y fluidez 120
Comprensión: Idea principal y detalles
clave y fluidez 122
Género 123
Estrategia de vocabulario: Antónimos 124
Elemento de escritura: Organización 125
Escritura basada en las fuentes........... 126

Semana 5
Sonido en movimiento

Vocabulario 127
Organizador gráfico 128
Comprensión y fluidez 129
Comprensión: Idea principal y detalles
clave y fluidez 131
Género 132
Estrategia de vocabulario: Prefijos 133
Elemento de escritura: Fluidez
de la oración 134
Escritura basada en las fuentes........... 135

Contenido

Unidad 4 • Nuestra vida, nuestro mundo

Semana 1
Regiones del mundo

Vocabulario 136
Organizador gráfico 137
Comprensión y fluidez 138
Comprensión: Comparar y contrastar
  y fluidez 140
Género 141
Estrategia de vocabulario: Palabras
  compuestas 142
Elemento de escritura: Ideas 143
Escritura basada en las fuentes........... 144

Semana 2
La Tierra cambia

Vocabulario 145
Organizador gráfico 146
Comprensión y fluidez 147
Comprensión: Causa y efecto y fluidez 149
Género 150
Estrategia de vocabulario: Claves
  de contexto 151
Elemento de escritura: Selección
  de palabras 152
Escritura basada en las fuentes........... 153

Semana 3
Nuestra cultura nos hace especiales

Vocabulario 154
Organizador gráfico 155
Comprensión y fluidez 156
Comprensión: Comparar y contrastar
  y fluidez 158
Género 159
Estrategia de vocabulario: Símiles 160
Elemento de escritura: Voz 161
Escritura basada en las fuentes........... 162

Semana 4
Disfrutar la naturaleza

Vocabulario 163
Organizador gráfico 164
Comprensión y fluidez 165
Comprensión: Tema y fluidez 167
Género 168
Estrategia de vocabulario: Raíces de
  palabras 169
Elemento de escritura: Ideas 170
Escritura basada en las fuentes........... 171

Semana 5
Poemas sobre la naturaleza

Vocabulario 172
Organizador gráfico 173
Comprensión y fluidez 174
Comprensión: Tema y fluidez 176
Género/Elemento literario 177
Estrategia de vocabulario: Lenguaje
  figurado 178
Elemento de escritura: Selección
  de palabras 179
Escritura basada en las fuentes........... 180

Unidad 5 • Mejorar nuestro mundo

Semana 1

Ser un buen ciudadano

Vocabulario 181

Organizador gráfico 182

Comprensión y fluidez 183

Comprensión: Punto de vista y fluidez 185

Género 186

Estrategia de vocabulario: Sufijos 187

Elemento de escritura: Ideas 188

Escritura basada en las fuentes........... 189

Semana 2

Llevarse bien

Vocabulario 190

Organizador gráfico 191

Comprensión y fluidez 192

Comprensión: Punto de vista y fluidez 193

Género 195

Estrategia de vocabulario: Modismos 196

Elemento de escritura: Fluidez de
la oración 197

Escritura basada en las fuentes........... 198

Semana 3

Personas que nos inspiran

Vocabulario 199

Organizador gráfico 200

Comprensión y fluidez 201

Comprensión: Secuencia y fluidez 203

Género 204

Estrategia de vocabulario: Sinónimos 205

Elemento de escritura: Organización 206

Escritura basada en las fuentes........... 207

Semana 4

Preservar el planeta

Vocabulario 208

Organizador gráfico 209

Comprensión y fluidez.................... 210

Comprensión: Problema y solución
y fluidez 212

Género 213

Estrategia de vocabulario: Homófonos 214

Elemento de escritura: Selección
de palabras 215

Escritura basada en las fuentes........... 216

Semana 5

Derechos y reglas

Vocabulario 217

Organizador gráfico 218

Comprensión y fluidez 219

Comprensión: Causa y efecto y fluidez 221

Género 222

Estrategia de vocabulario: Significados
múltiples 223

Elemento de escritura: Voz 224

Escritura basada en las fuentes........... 225

Contenido

Unidad 6 · ¿Cómo es?

Semana 1

Mitos y datos sobre las plantas

Vocabulario 226
Organizador gráfico 227
Comprensión y fluidez 228
Comprensión: Tema y fluidez 230
Género 231
Estrategia de vocabulario: Claves
   de contexto 232
Elemento de escritura: Organización 233
Escritura basada en las fuentes 234

Semana 2

Necesitamos energía

Vocabulario 235
Organizador gráfico 236
Comprensión y fluidez 237
Comprensión: Propósito del autor
   y fluidez 239
Género 240
Estrategia de vocabulario: Claves
   en el párrafo 241
Elemento de escritura: Selección
   de palabras 242
Escritura basada en las fuentes 243

Semana 3

Explorar en equipo

Vocabulario 244
Organizador gráfico 245
Comprensión y fluidez 246
Comprensión: Idea principal y detalles
   clave, y fluidez 248
Género 249
Estrategia de vocabulario: Raíces
   griegas y latinas 250
Elemento de escritura: Ideas 251
Escritura basada en las fuentes 252

Semana 4

Cuestiones de dinero

Vocabulario 253
Organizador gráfico 254
Comprensión y fluidez 255
Comprensión: Problema y solución,
   y fluidez 257
Género 258
Estrategia de vocabulario: Claves
   en el párrafo 259
Elemento de escritura: Organización 260
Escritura basada en las fuentes 261

Semana 5

Mundo de ideas

Vocabulario 262
Organizador gráfico 263
Comprensión y fluidez 264
Comprensión: Punto de vista y fluidez 266
Género/Elemento literario 267
Estrategia de vocabulario: Metáforas 268
Elemento de escritura: Selección
   de palabras 269
Escritura basada en las fuentes 270

Nombre _____

| acción | acomodarse | acurrucarse | aparecer |
| atascarse | depender | melena | solitario |

Usa lo que sabes sobre las palabras para elegir la que corresponda a cada espacio en blanco. Luego, escribe la palabra sobre la línea.

1. La gran _____ del león asombraba a los niños.

2. Los pichones _____ de su madre para aprender a volar.

3. La casa de campo está en un lugar _____.

4. Luego de _____ en el sillón, la niña se durmió.

5. Los perros _____ para no tener frío.

6. María gritó cuando vio _____ un ratón en la cocina.

7. El auto _____ en el barro.

8. Observamos la rápida _____ de los bomberos.

Nombre _____

Lee el texto. Completa el organizador gráfico de detalles clave.

Detalle	Detalle	Detalle

Nombre _____

Lee el texto. Usa la estrategia de visualizar para imaginar lo que sucede en la historia.

Una bicicleta para dos

      Era un hermoso día de otoño. El sol brillaba. Las hojas

11   eran rojas, doradas y naranjas. La ardilla quería pasear

20   en bicicleta, pero la bicicleta estaba rota.

27   "No puedo repararla sola", pensó la ardilla.

34   "Necesitaré ayuda".

36   La ardilla fue a ver al zorro.

43   —¿Me ayudarías a reparar mi bicicleta? —le preguntó.

51   —Me gustaría ayudarte, pero estoy muy ocupado

58   preparando sopa —respondió el zorro.

63   Entonces la ardilla continuó su camino. Vio al oso y le

74   pidió ayuda.

76   —Estoy demasiado ocupado lavando ropa. Tal vez

83   pueda ayudarte la próxima semana —explicó el oso.

Nombre _____

91	La ardilla movió la cabeza con gesto de disgusto.
100	Quería reparar su bicicleta para ir a pasear. Justo
109	entonces, se presentó el conejo y le preguntó por qué
119	estaba tan triste. La ardilla le explicó el problema.
128	—Quizás estés muy ocupado para ayudarme —dijo la
136	ardilla suspirando.
138	El conejo inspeccionó la bicicleta. Dobló un alambre
146	por aquí. Aceitó una rueda por allí. —Bueno, ahora
155	veamos —dijo el conejo.
159	Los dos amigos montaron la bicicleta. Pasaron
166	mucho tiempo en el bosque paseando y disfrutando del
175	hermoso día.

Nombre _____

A. Vuelve a leer el texto y responde las preguntas.

1. ¿Por qué el zorro no pudo ayudar a la ardilla a reparar su bicicleta?

_____

_____

2. ¿Por qué el oso no pudo ayudar a la ardilla a reparar su bicicleta?

_____

_____

3. ¿Por qué la ardilla y el conejo pudieron pasear en bicicleta?

_____

_____

B. Trabajen con un compañero o una compañera. Lean el texto en voz alta. Presten atención a la expresividad. Deténganse después de un minuto. Completen la tabla.

	Palabras leídas	–	Cantidad de errores	=	Puntaje: palabras correctas
Primera lectura		–		=	
Segunda lectura		–		=	

Nombre _____

¡Gracias, amigo!

—Sembrar un jardín es difícil —dijo el ratón—. Tardo mucho tiempo cavando cada pozo.

—¡Yo puedo ayudar! —dijo el topo. El topo cava los pozos muy rápido. El ratón planta las semillas.

Responde las preguntas sobre la selección.

1. ¿Cómo sabes que este texto es una fantasía?

_____

_____

2. ¿Por qué es fácil para el topo cavar muchos pozos?

_____

_____

3. ¿Por qué el topo cava tantos pozos?

_____

_____

Nombre _____

> Para conocer el significado de una nueva palabra, observa sus partes. La raíz de la palabra puede tener distintas terminaciones. La terminación -*ando* significa que algo está sucediendo ahora. La terminación -*ó* significa que algo sucedió en el pasado.

Escribe el significado de cada palabra subrayada. Encierra en un círculo si la acción sucede ahora o sucedió en el pasado.

1. Entonces la ardilla <u>continuó</u> su camino.

Significa: _____

ahora   en el pasado

2. Estoy demasiado ocupado <u>lavando</u> ropa.

Significa: _____

ahora   en el pasado

3. Estoy demasiado ocupado <u>preparando</u> sopa.

Significa: _____

ahora   en el pasado

4. El conejo <u>inspeccionó</u> la bicicleta.

Significa: _____

ahora   en el pasado

5. Pasaron mucho tiempo en el bosque <u>paseando</u>.

Significa: _____

ahora   en el pasado

Nombre _____

A. Lee el borrador de ejemplo. Usa las preguntas como ayuda para agregar detalles que describan el suceso.

Borrador

Ronnie y Paco fueron a pasar un día de campo. Cuando los amigos llegaron allí, pusieron toda la comida sobre una manta. Luego, comenzó a llover. Los dos amigos volvieron a guardar todo dentro de la canasta. Regresaron a sus casas.

---

1. ¿A dónde fueron los dos amigos a pasar un día de campo?

2. ¿Qué llevaron para comer durante el día de campo?

3. ¿Cómo volvieron a sus casas?

B. Ahora revisa el borrador y agrega detalles que describan con más detalles lo que sucedió en el día de campo.

_____

_____

_____

_____

_____

_____

Nombre _____

La niña que escribió el texto de abajo usó evidencias de dos fuentes distintas para seguir la instrucción: ¿En qué se parecen los amigos en *Lom y los nudones* y en "La pierna izquierda"?

Lom tenía picazón que no lo dejaba tranquilo. Cuando se entera del problema de Lom, Garzón Soldado le aconseja que se peine. Garzón Soldado se preocupa y mira la cabeza de su amigo. En la melena de Lom había migas de pan, chile, moquitos y nudones.

En "La pierna izquierda", Fátima se rompe una pierna. María la ayuda para que las dos puedan seguir jugando juntas al fútbol . ¿De qué manera la ayuda? María alienta a Fátima para que patee la pelota con la pierna izquierda.

Los personajes de los dos textos, entonces, se parecen en el modo en que se preocupan porque sus amigos se sientan bien.

Vuelve a leer el texto. Sigue las instrucciones.

1. ¿Qué suceso muestra que Garzón Soldado se preocupa por Lom? **Encierra en un círculo** la oración que se enfoca en este suceso.

2. **Encierra en un cuadro** los detalles descriptivos de lo que Garzón Soldado encuentra en la melena de Lom.

3. **Subraya** la solución que encontró María para el problema de Fátima.

4. Escribe una oración interrogativa del texto que escribió Anita.

_____

Nombre _____

cultura	distancia	idioma	lejano
murmullo	orilla	parecido	retumbar

A. Lee las siguientes pistas. Luego, encuentra la palabra de vocabulario que corresponda a cada una de las pistas. Dibuja una línea para unir la pista con la palabra correcta.

1. producir un gran ruido   **a.** orilla

2. que no está cerca   **b.** lejano

3. casi igual   **c.** retumbar

4. la manera en que nos comunicamos   **d.** murmullo

5. tierra cerca de un río   **e.** distancia

6. estilo de vida y costumbres   **f.** idioma

7. espacio entre dos lugares   **g.** parecido

8. sonido de voces en tono bajo   **h.** cultura

B. Elige una palabra de vocabulario. Escribe una oración con esa palabra.

9. _____

_____

Nombre _____

Lee el texto. Completa la tabla de personaje, ambiente y sucesos.

Personaje	Ambiente	Sucesos

Nombre _____

Lee el texto. Usa la estrategia de visualizar para imaginar lo que sucede en la historia.

El festival de comidas

Vicente y su familia fueron al festival de comidas
9   del pueblo. Vicente abrió los ojos muy grandes. Lo
18 asombraron los cambios en esta calle tan tranquila.
26 A cada lado de la calle se habían armado puestos de
37 comidas de donde colgaban coloridas banderas. A
44 Vicente le pareció asombroso, pues conocía algunas
51 de ellas. Estaban la de México y la de China. Vicente
62 caminaba por la calle detrás de su mamá, de su papá y
74 de su hermana.

77 La mamá se detuvo en el primer puesto. Allí estaban
87 vendiendo ensalada griega. Vicente y su familia se
95 maravillaron ante un gran plato de ensalada.

102 Luego, caminaron hasta el puesto de China. Allí
110 compartieron un maravilloso plato de sopa de carne y
119 fideos.

Nombre _____

120	La siguiente parada fue en el puesto de la India,
131	donde se beneficiaron con un riquísimo curry. En el
141	puesto de México comieron tamales.

144	La familia llegó al final de la calle. Todos estaban
154	satisfechos. El paseo había sido beneficioso. —¿Qué
161	comida les pareció más gustosa? —preguntó el papá.

169	Todos hablaron al mismo tiempo.
174	—El curry –dijo Vicente.
178	—Los tamales –dijo su hermana.
183	—La sopa de carne y fideos —dijo la mamá.
192	—Y a mí me gustaron la ensalada griega y los
203	tamales –dijo el papá con una sonrisa—. Creo que
213	podemos decir que todas las comidas son deliciosas.

Nombre _____

A. Vuelve a leer el texto y responde las preguntas.

1. ¿Quiénes son los personajes de la historia?

_____

_____

2. ¿Dónde se desarrolla la historia?

_____

_____

3. ¿Qué sucede al principio de la historia?

_____

_____

B. Trabajen con un compañero o una compañera. Lean el texto en voz alta. Presten atención a la expresividad. Deténganse después de un minuto. Completen la tabla.

	Palabras leídas	–	Cantidad de errores	=	Puntaje: palabras correctas
Primera lectura		–		=	
Segunda lectura		–		=	

Nombre _____

Dos tipos de fútbol

Víctor y Tim organizaron un partido con sus familias.

—Traje una pelota de fútbol —dijo Víctor.

—Yo traje una pelota de fútbol también —dijo Tim.

Pero ambas pelotas eran diferentes. Una era para jugar fútbol y la otra era para jugar fútbol americano.

Todos aprendieron a jugar los dos tipos de fútbol.

Preguntas y respuestas sobre la selección.

1. ¿Cómo sabes que este texto es ficción realista?

_____

2. ¿Qué sucede al principio de la historia?

_____

3. ¿Qué sucede durante el desarrollo?

_____

4. ¿Qué sucede al final?

_____

Nombre _____

La **raíz** es la parte de la palabra que no se modifica y a la que se agregan terminaciones para formar nuevas palabras. La terminación *-aron* significa que varias personas hicieron algo. Las terminaciones *-oso, -osa* significan que algo es abundante.

A. Lee cada oración. Observa la palabra subrayada. Traza una línea entre la raíz de la palabra y la terminación.

1. Lo <u>asombraron</u> los cambios.

2. A Víctor le pareció <u>asombroso</u>.

3. El paseo había sido <u>beneficioso</u>.

B. En la oración 4 hay una palabra que tiene la misma raíz que una palabra de la oración 5. Subraya ambas palabras. Luego, debajo de cada oración, escribe otra palabra con la misma raíz.

4. ¿Qué comida les pareció más gustosa?

_____

5. Y a mí me gustaron la ensalada griega y los tamales.

_____

Nombre _____

A. Lee el borrador de ejemplo. Usa las preguntas como ayuda para escribir un principio interesante para esta historia.

Borrador

Fue a la tienda a comprar leche. La tienda quedaba lejos. Cuando llegó, se dio cuenta de que se había olvidado el dinero. El dueño de la tienda fue muy amable. Dijo que podía llevarse la leche y darle el dinero más tarde.

---

1. ¿Quién es el personaje de la historia?

2. ¿En dónde se desarrolla la historia?

3. ¿Qué información hace que los lectores quieran continuar leyendo?

B. Ahora revisa el borrador y agrega un principio interesante acerca del personaje y el ambiente, que atraiga la atención del lector.

_____

_____

_____

_____

Nombre _____

El niño que escribió el texto de abajo usó evidencias de dos fuentes distintas para seguir la instrucción: Escribe sobre lo que aprendiste en las selecciones de esta semana.

En *La otra orilla* leí que Graciela, una niña muy obediente, tenía prohibido cruzar el río porque los que vivían en la otra orilla eran gente distinta. Pero Graciela se hace amiga de Nicolás, un niño simpático y decidido, y descubre que, si bien la gente de la otra orilla era diferente en su aspecto y sus costumbres, era parecida a su familia en muchas cosas.

En "De aquí y de allá" descubrí que todas las familias tienen costumbres diferentes que dependen de la cultura a la que pertenecen. Pero también comparten cosas que son comunes a todas las familias: todos se alimentan, se comunican, necesitan una vivienda, celebran fiestas. ¡Me gustaría saber más sobre las costumbres de estas familias!

Las dos selecciones me enseñaron que las familias pueden ser diferentes, pero no por eso son mejores o peores: solo son distintas.

Vuelve a leer el texto. Sigue las instrucciones.

1. **Encierra en un cuadro** un ejemplo de principio interesante.

2. **Encierra en un círculo** la personalidad de Nicolás.

3. **Subraya** los detalles de las cosas que comparten todas las familias del mundo.

4. Escribe una oración exclamativa del texto que escribió Alex.

_____

Nombre _____

| amistad | asentir | brinco | corretear |
| cosquillas | migajas | panza | relacionarse |

A. Lee las siguientes pistas. Luego, encuentra la palabra de vocabulario que corresponda a cada una de las pistas. Dibuja una línea para unir la pista con la palabra correcta.

1. decir que sí, estar de acuerdo   a. corretear

2. tratar con otras personas   b. migajas

3. correr por diversión   c. asentir

4. compañerismo   d. cosquillas

5. trocitos de pan   e. panza

6. salto pequeño   f. brinco

7. barriga de persona o animal   g. relacionarse

8. sensación que da risa   h. amistad

B. Elige una palabra de vocabulario. Escribe una oración con esa palabra.

9. _____

_____

Nombre _____

Lee el texto. Completa la tabla de personaje, ambiente y sucesos.

Personaje	Ambiente	Sucesos

Nombre _____

Lee el texto. Haz y responde preguntas mientras lees, para verificar la comprensión.

Una mascota propia

Javier vivía con su familia y tres mascotas. Su

9   hermana Carlota tenía un ave. Su hermano Ricardo

17 tenía dos ratones. Javier quería una mascota propia.

25 —¿Puedo tener una serpiente? —preguntó a sus padres.

33 Fue amable porque sabía que los buenos modales eran

42 importantes.

43   —La serpiente se comerá a mi ave —bramó Carlota

52 muy fuerte. Su grito alteró al ave, que comenzó a piar.

63   Javier tuvo otra idea.

67   —¿Puedo tener un gato? —preguntó amablemente.

73   —El gato se comerá a mi ave —gritó Carlota.

82   —Y también se comerá a mis ratones —dijo Ricardo.

Nombre _____

91   Javier vacilaba y no sabía cómo resolver su

99   problema. Quería una mascota que fuera diferente y

107 única. Ya había un ave y dos ratones. No podía tener

118 una serpiente ni un gato. ¿Qué clase de mascota no

128 molestaría o alteraría a los demás?

134   Un día Javier vio una publicidad sobre un conejo. Esa

144 mascota era diferente y podría llevarse bien con las demás.

154   Los padres de Javier le regalaron el conejo. Estaba

163 tan contento por tener una mascota propia que gritó

172 de alegría.

Nombre _____

A. Vuelve a leer el texto y responde las preguntas.

1. ¿Quiénes son los personajes de la historia?

_____

_____

2. ¿En dónde se desarrolla la historia?

_____

_____

3. ¿Qué sucede al final de la historia?

_____

_____

B. Trabajen con un compañero o una compañera. Lean el texto en voz alta. Presten atención a la expresividad. Deténganse después de un minuto. Completen la tabla.

	Palabras leídas	–	Cantidad de errores	=	Puntaje: palabras correctas
Primera lectura		–		=	
Segunda lectura		–		=	

Nombre _____

El perfecto compañero de lectura

Leer no era fácil para Lucía.
Un día, su gato Gumbo se subió a
su regazo mientras ella estaba leyendo.
Lucía leyó en voz alta para Gumbo.
No cometió ningún error. ¡Gumbo era
un gran oyente!

**Responde las preguntas sobre
la selección.**

1. ¿Cómo sabes que este texto es de ficción?

_____

_____

2. ¿Qué sucede al principio de la historia?

_____

3. ¿Qué sucede durante el desarrollo?

_____

4. ¿Qué sucede al final?

_____

Nombre _____

> Observa este ejemplo de **claves de contexto**. Las palabras subrayadas explican el significado de *amable*.
>
> Fue **amable** porque sabía que los <u>buenos modales eran importantes</u>.

Lee cada oración. Encierra en un círculo el significado de la palabra en negrilla. Subraya las claves de contexto.

1. —La serpiente se comerá a mi ave —**bramó** Carlota muy fuerte.

   gritó   susurró

2. Javier **vacilaba** y no sabía cómo resolver su problema.

   confiaba   dudaba

3. Quería una mascota que fuera **diferente** y única.

   igual   distinta

4. ¿Qué clase de mascota no **molestaría** o alteraría a los demás?

   gustaría   irritaría

5. Estaba tan **contento** por tener una mascota propia que gritó de alegría.

   enojado   feliz

Nombre _____

A. Lee el borrador de ejemplo. Usa las preguntas como ayuda para usar palabras más precisas.

Borrador

Mi gatita tiene un tamaño ideal para el pequeño apartamento de mi familia. Puede dormirse en mi regazo. Tiene un lindo pelaje. A mi gatita le gusta estar afuera, como a mí.

---

1. ¿Qué tamaño tiene la gatita?

2. ¿De qué color es el pelaje de la gatita? ¿Qué se siente al tocarla?

3. ¿Qué le gusta hacer afuera?

B. Ahora revisa el borrador y reemplaza las palabras generales por palabras más precisas sobre la gatita.

_____

_____

_____

_____

_____

_____

Nombre _____

El niño que escribió el texto de abajo usó evidencias de dos fuentes distintas para seguir la instrucción: Escribe una entrada de diario donde cuentes por qué Bartolo y el gato del poema son buenos amigos.

Te escribo para contarte que leí dos textos sobre mascotas que son buenas amigas. Ojalá pronto pueda leer más textos como estos. Me hace muy feliz leer cuentos tan interesantes.

En el cuento *¡Vaya con mi amigo Bartolo!*, un perro ayuda a un niño a resolver un problema: el niño tiene que pensar un buen plan para divertirse con su primo, que vendrá de visita el próximo fin de semana.

En el poema "El gato soñador", un gato ayuda a una niña a soñar que va en un velero surcando los mares.

Bartolo y el gato son buenos amigos porque ayudan a los niños a resolver problemas y a sentirse felices.

Vuelve a leer el texto. Sigue las instrucciones.

1. El niño organizó el texto explicando al comienzo qué lo llevó a escribir esta entrada de diario. **Encierra en un círculo** la oración que explica la razón por la que escribe.

2. **Encierra en un cuadro** la oración donde el niño usa lenguaje preciso para contar cómo se siente cuando lee cuentos que le gustan.

3. **Subraya** los detalles descriptivos de lo que sueña el gato.

4. Escribe el sujeto de una oración del texto que escribió James.

Nombre _____

| alejarse | cuidado | entusiasmado | hambriento |
| libertad | necesitar | permitido | refugio |

Elige la palabra que corresponda para completar cada espacio en blanco. Luego, escribe la palabra sobre la línea.

1. Una mascota _____ agua, comida y ejercicio.

2. Los niños están _____ por tener una mascota nueva.

3. No está _____ que los perros corran por el parque.

4. La mascota puede _____ de su hogar y perderse.

5. El león _____ persigue a su presa.

6. El tigre del zoológico está muy bien _____, recibe comida y atención de los veterinarios.

7. Los animales silvestres viven en _____.

8. Ante el peligro, el cachorro encontró un _____ bajo la cama.

Nombre _____

Lee el texto. Completa el organizador gráfico de detalles clave.

Detalle	Detalle	Detalle

Nombre _____

Lee el texto. Haz y responde preguntas mientras lees, para verificar la comprensión.

Un perro bombero

Tuco es un perro bombero que vive en la ciudad.

10 Cuando Tuco llegó a la estación de bomberos, solo tenía

20 tres meses. Vivió allí junto con cincuenta bomberos.

28 Ellos cuidaban a Tuco: lo alimentaban y le daban agua

38 para beber.

40 Los bomberos contrataron a un entrenador de perros.

48 El entrenador le enseñaba a vivir en la estación de

58 bomberos. Le mostraba dónde podía ir y dónde no.

67 Para hacer ejercicio, Tuco ni siquiera tenía que salir.

76 Lo entrenaban para que corriera en una cinta

84 mecánica, dentro de la estación.

Nombre _____

John Connell/Corbis

Los perros bomberos, como Tuco, generalmente son dálmatas.

89   Pronto, Tuco se hizo muy amigo de un bombero.

98   Desde entonces comparten un turno de trabajo en la

107 estación de bomberos. Luego del trabajo, el bombero

115 lleva a Tuco a su casa. Esto le da al perro un descanso

129 del gran movimiento que hay en la estación. También se

139 divierte conociendo a otros perros y jugando con ellos.

148   Tuco se entrenó aún más. Ahora realiza trucos de

157 prevención de incendios. Visita escuelas y muestra a los

166 niños lo que deben hacer: "Detener la marcha, tirarse al

176 suelo y rodar".

179   ¡Todo ese trabajo mantiene a Tuco muy ocupado!

Nombre _____

A. Vuelve a leer el texto y responde las preguntas.

1. ¿Cómo cuidaban los bomberos a Tuco?

_____

_____

2. ¿Por qué el bombero llevaba a Tuco a su casa por las tardes?

_____

_____

3. Según la foto, ¿qué apariencia tiene un dálmata?

_____

_____

B. Trabajen con un compañero o una compañera. Lean el texto en voz alta. Presten atención a la entonación. Deténganse después de un minuto. Completen la tabla.

	Palabras leídas	–	Cantidad de errores	=	Puntaje: palabras correctas
Primera lectura		–		=	
Segunda lectura		–		=	

Nombre _____

Mascota temporaria

La familia de Alicia tiene una mascota temporaria. Es un perro llamado Rocky. Lo alimentan, juegan con él y lo llevan al veterinario. Lo entrenan para que siga instrucciones. Cuando Rocky crezca, otra familia le dará un hogar definitivo.

Alicia le enseña a Rocky a caminar sujeto por una correa.

Responde las preguntas sobre la selección.

1. ¿Cómo sabes que este texto es narrativa de no ficción?

_____

_____

2. ¿Qué le enseña Alicia a Rocky? ¿Dónde hallaste esta información?

_____

_____

3. ¿Qué te enseña el texto sobre las mascotas temporarias?

_____

_____

Nombre _____

> Para conocer el significado de una palabra nueva, trata de separar la **raíz de la palabra** de su terminación. Las terminaciones *-a* y *-en* significan que la acción sucede en el presente. Las terminaciones *-aron* e *-ía* significan que la acción sucedió en el pasado.

Lee las oraciones. Observa las palabras subrayadas. Traza una línea entre la raíz de la palabra y la terminación. Luego, escribe el significado de la palabra.

1. <u>Vivía</u> allí junto con cincuenta bomberos.

_____

2. Los bomberos <u>contrataron</u> a un entrenador de perros.

_____

3. Luego del trabajo, el bombero <u>lleva</u> a Tuco a su casa.

_____

4. Ahora realiza trucos de prevención de incendios.

_____

5. Desde entonces <u>comparten</u> un turno de trabajo en la estación de bomberos.

_____

Nombre _____

A. Lee el borrador de ejemplo. Usa las preguntas como ayuda para pensar cómo usar palabras que indican secuencia.

> **Borrador**
>
> Estas son las instrucciones sobre cómo bañar a un perro. Llena la tina con agua tibia. Pon al perro dentro de la tina y lávalo con jabón. Enjuágalo con mucha agua fresca. Sécalo con una toalla.

1. Para bañar a un perro, ¿qué haces primero?

2. ¿Qué haces luego y qué, después?

3. ¿Qué haces por último?

B. Revisa el borrador y agrega palabras que indican secuencia, como *primero, luego, después* y *por último* para que el lector comprenda el orden de las ideas.

_____

_____

_____

_____

_____

Nombre_____

Sofía utilizó detalles del texto para seguir la pregunta: *¿Qué es más fácil: cuidar a una cría de rinoceronte o a un perro?*

Pienso que sería más fácil cuidar a un perro que a una cría de rinoceronte. El texto de la página 86 dice que los rinocerontes son animales grandes. Necesitan mucho lugar para jugar. Hay un parque cerca de mi casa pero un rinoceronte necesitaría más lugar. Además, ¡leí en la página 89 que Lola toma más de un galón de leche cinco veces al día! Pienso que sería mucho trabajo.

Cuidar a un perro sería más fácil. Sé que necesitan agua y alimento. Podría hacer eso antes de ir a la escuela. Al volver de la escuela, podría llevarlo al parque. Luego, podría cepillarlo y darle su cena. Pienso que cuidar a un perro sería más divertido y fácil que cuidar a una cría de rinoceronte.

Vuelve a leer el texto. Sigue las instrucciones.

1. **Encierra en un cuadro** la oración en la que Sofía presenta el tema y plantea su opinión.

2. **Subraya** las oraciones que muestran la secuencia, u orden, en el que Sofía cuidaría a su perro cada día.

3. **Encierra en un círculo** un conector que muestra la opinión de Sofía sobre cuidar a un perro y a un rinoceronte.

4. **Escribe** un predicado de una oración del modelo de Sofía.

_____.

Nombre _____

cliente	costar	elegir	herramienta
gastar	quehaceres	revisar	trabajo

**A. Elige la palabra que corresponda a cada pista.
Escribe la palabra sobre la línea.**

1. tareas que realizan las personas a cambio de dinero
_____

2. pequeñas tareas que se realizan en el hogar _____

3. usar dinero para comprar algo _____

4. persona que habitualmente compra en un lugar
_____

5. objeto utilizado para realizar o reparar algo _____

6. observar algo para asegurarse de que funcione bien
_____

7. escoger entre dos o más cosas _____

8. estar algo en venta a determinado precio _____

**B. Elige una palabra de vocabulario. Escribe una oración
con esa palabra.**

9. _____

_____

Nombre _____

Lee el texto. Completa el organizador gráfico de detalles clave.

Detalle	Detalle	Detalle

Nombre _____

Lee el texto. Haz y responde preguntas mientras lees, para verificar la comprensión.

Un negocio familiar

Las familias pueden emprender un negocio. Los
07 miembros de la familia ayudan para que funcione.
15 Luego, el negocio se transfiere a otros familiares. Te
24 contaremos sobre un negocio familiar que ha existido
32 durante 95 años.

35 En 1916, dos familias comenzaron un nuevo negocio.
43 Fundaron una empresa de café. Tostaban los granos
51 de café a mano. En esa época no había autos. Usaban
62 caballos y carros para repartir el café.

69 El negocio de café creció. Otros miembros de la
78 familia comenzaron a trabajar en la empresa. En 1918,
87 la empresa pudo comprar su primer camión.

Nombre _____

El negocio familiar antes y ahora

1916	Hoy
Se tostaban los granos de café a mano. Se entregaba el café por medio de carros y caballos.	Se vende café en tiendas, en restaurantes y en línea. Se realizan publicidades para la televisión.

94   En la década de los cuarenta, los hijos de los dueños
105 se sumaron al negocio. La empresa crecía. Vendía café a
115 los restaurantes. Pronto la empresa necesitó una oficina
123 más grande.

125   En los noventa, ya la tercera generación trabajaba
133 para la empresa y comenzó a vender café en lugares
143 nuevos. Vendía café a las tiendas. Realizaban
150 publicidades para la televisión. En 2007, abrieron una
158 tienda en línea.

161   Los miembros de la familia trabajaron mucho.
168 Hicieron que su negocio fuera un éxito. Ahora pueden
177 transferirlo a la próxima generación.

Nombre _____

A. Vuelve a leer el texto y responde las preguntas.

1. ¿Qué sucedió en 1916?

_____

_____

2. ¿Qué sucedió en la década de los cuarenta?

_____

_____

3. ¿Qué sucedió en 2007?

_____

_____

B. Trabajen con un compañero o una compañera. Lean el texto en voz alta. Presten atención a la expresividad. Deténganse después de un minuto. Completen la tabla.

	Palabras leídas	–	Cantidad de errores	=	Puntaje: palabras correctas
Primera lectura		–		=	
Segunda lectura		–		=	

Nombre _____

Una pizzería familiar

Algunas familias tienen una pizzería. Todos ayudan.
Los adultos preparan la comida y sirven a los clientes.
Después de la escuela, los niños ayudan a limpiar las
mesas y las ventanas.

Tareas de los adultos	Tareas de los niños
preparar la comida	limpiar las mesas
servir a los clientes	limpiar las ventanas

Responde las preguntas sobre la selección.

1. ¿Cómo sabes que este es un texto expositivo?

   _____

   _____

2. ¿Qué muestra el cuadro?

   _____

   _____

3. ¿Cuáles son las tareas de los adultos en una pizzería?

   _____

   _____

Nombre _____

> Para conocer el significado de una palabra nueva, observa sus partes. La raíz de una palabra puede tener distintas **terminaciones**. Las terminaciones -**s** y -**es** significan "más de uno." Las terminaciones -**aron** y -**ó** significan que algo sucedió en el pasado.

Lee las oraciones. Encierra en un círculo la terminación de la palabra subrayada. Usa lo que sabes sobre terminaciones de palabras para escribir el significado de la palabra subrayada.

1. Las familias pueden emprender un negocio.

_____

2. Te contaremos sobre un negocio familiar que ha existido durante 95 <u>años</u>.

_____

3. <u>Fundaron</u> una empresa de café.

_____

4. Vendía café a los <u>restaurantes</u>.

_____

5. <u>Comenzó</u> a vender café a lugares nuevos.

_____

Nombre _____

A. Lee el borrador de ejemplo. Usa las preguntas como ayuda para usar oraciones de diferentes tipos y longitudes.

Borrador

Me gusta ayudar a mi familia a realizar los quehaceres. La casa queda limpia. También nos permite estar juntos en nuestro tiempo libre. Eso es lo que más me gusta.

1. ¿Dónde agregarías una pregunta?

2. ¿Dónde agregarías una exclamación?

3. ¿Qué oraciones alargarías? ¿Cuáles acortarías?

B. Ahora revisa el borrador y escribe algunas preguntas o exclamaciones. Escribe también algunas oraciones largas y otras cortas.

_____

_____

_____

_____

_____

Nombre _____

**Lee usó evidencia del texto para seguir la respuesta:
¿En qué se parecen Las familias trabajan juntas y "Por qué trabajamos"?**

Los Gelder fabrican productos y brindan un servicio. Leí en la página 105 que cultivan frutas y verduras. En la página 106, leí que cultivan frutillas y que hacen mermelada con las bayas. También puedo ver que cultivan manzanas. Estas claves muestran que los Gelder producen alimentos y sus derivados. Estos son productos como los que veo en la página 108.

En "Por qué trabajamos", aprendí que los servicios son acciones que realizan las personas. En la página 109, leí que los maestros brindan un servicio. Ayudan a los estudiantes a aprender. Los Gelder también brindan un servicio. En la página 105, leí que venden frutas y verduras. Veo en la página 107 que también venden miel y mermeladas.

Los Gelder ofrecen sus productos y brindan servicios.

Vuelve a leer el texto. Sigue las instrucciones.

1. Encierra en un círculo dos oraciones que muestran cómo Lee varía su escritura.

2. Subraya evidencia en el texto que respalda la respuesta de Lee a la pregunta.

3. ¿Cómo resume Lee su respuesta? **Encierra en un cuadro** su conclusión.

4. Escribe un ejemplo que muestre cómo se expande una oración al combinar ideas.

Nombre _____

adaptarse	agitado	alrededor	amainar
clima	estanque	infundir	matorral

Usa lo que sabes sobre las palabras para elegir la que corresponda a cada oración. Luego, escribe la palabra sobre la línea.

1. Los animales del desierto deben _____ al clima caluroso y seco.

2. El temporal _____ al caer la noche.

3. Los patos nadan en el _____.

4. Estaba muy _____ después de correr cuatro kilómetros.

5. _____ de la piscina hay árboles.

6. La selva tropical tiene _____ templado y húmedo.

7. Los osos se esconden en el _____.

8. El enorme león _____ temor.

Nombre _____

Lee el texto. Completa el organizador gráfico de trama.

Principio

↓

Desarrollo

↓

Final

Nombre _____

Lee el texto. Usa la estrategia de hacer predicciones para predecir lo que sucederá en la historia.

Buscar animales

La señorita Lisa lleva a sus alumnos a pasear al
10   bosque. Les pide que busquen animales. Todos los niños
19   llevan cuadernos. Se organizan, se reagrupan y parten.

27   Comienzan a caminar por un sendero. Desde la copa
36   de los árboles, las aves cantan. Un niño señala a un ave;
48   cree es un petirrojo. Los demás están en desacuerdo.
57   Dicen que simplemente es una hoja.

63   Los niños oyen ulular. El sonido es irreconocible.
71   Miran hacia arriba, pero no pueden ver nada. Un búho
81   los mira desde lo alto y les guiña el ojo. Sus plumas
93   marrones se confunden con las hojas. Los niños no
102   pueden creerlo.

Nombre _____

104	Ahora pasan cerca de una pequeña laguna. Un ciervo
113	está bebiendo agua, pero se queda quieto al ver pasar
123	al grupo. Su pelaje marrón lo hace casi invisible en el
134	bosque. El ciervo los saluda con la pata y se escabulle.
145	Una niña baja la vista y mira el sendero desparejo.
155	Ve lo que parecen ser pequeños terrones de tierra. Se
165	detiene a observar. Los terrones saltan y gritan "¡Hola!".
174	¡Son ranitas! Los niños se quedan con la boca abierta.
184	El paseo llega a su fin. Comentando lo sucedido, los
194	niños regresan al autobús. El conductor destraba la
202	puerta. Los niños están felices porque vieron muchos
210	animales. Ojalá puedan regresar otro día.

Nombre _____

A. Vuelve a leer el texto y responde las preguntas.

1. ¿Qué sucedió al comienzo de la historia?

_____

2. ¿Qué sucedió durante el desarrollo de la historia?

_____

_____

3. ¿Qué sucedió al final de la historia?

_____

B. Trabajen con un compañero o una compañera. Lean el texto en voz alta. Presten atención al fraseo. Deténganse después de un minuto. Completen la tabla.

	Palabras leídas	–	Cantidad de errores	=	Puntaje: palabras correctas
Primera lectura		–		=	
Segunda lectura		–		=	

Nombre _____

Ardillas conversadoras

Javier oyó conversar a un grupo de ardillas en el jardín. ¿¡Conversaban las ardillas!? Él oía claramente sus vocecitas. Corrió a buscar en su computadora datos sobre ardillas que hablaran. No encontró nada. Javier intentó acercarse, pero las ardillas huyeron velozmente.

Responde las preguntas sobre la selección.

1. ¿Cómo sabes que este texto es ficción?

_____

_____

2. ¿Qué información busca Javier en su computadora?

_____

3. ¿Qué pasa al final de la historia?

_____

_____

Nombre _____

> Para conocer el significado de una palabra, puedes buscar un **prefijo**, que es una partícula que va al comienzo de la palabra.
>
> El prefijo *des-* y los prefijos *in-*, *im-* o *i-* significan "negación".
>
> El prefijo *re-* significa "repetición".

Lee cada oración. Subraya la palabra que tiene un prefijo. Luego, escribe la palabra y su significado.

1. El conductor destraba la puerta.

   _____

2. Su pelaje marrón lo hace casi invisible en el bosque.

   _____

3. Los niños oyen ulular. El sonido es irreconocible.

   _____

4. Una niña baja la vista y mira el sendero desparejo.

   _____

5. Se organizan, se reagrupan y parten.

   _____

Nombre _____

A. Lee el borrador de ejemplo. Usa las preguntas como ayuda para agregar detalles que describan el suceso.

Borrador

Marisa y Tomás van a la playa. Nadan en el agua. Marisa ve aves volar por el cielo. Tomás encuentra caracolas en la orilla. Luego, ven un cangrejo cerca del agua.

---

1. ¿Qué tipo de playa es? ¿Cómo está el día?

2. ¿Qué detalles se pueden usar para describir a las aves, las caracolas y el cangrejo que ven Marisa y Tomás?

3. ¿Qué detalles podrían describir cómo se sienten Marisa y Tomás en la playa?

B. Ahora revisa el borrador y agrega detalles que ayuden a los lectores a aprender más sobre el ambiente y los personajes.

_____

_____

_____

_____

_____

Nombre_____

La niña que escribió el texto de abajo usó evidencias de dos fuentes distintas para seguir la instrucción: Explica las cosas que hacen los animales para sobrevivir.

En *Tita la golondrina* leí que los papás golondrina ayudan a sus hijos a volar y a protegerse de los peligros. Por ejemplo, la mamá de Tita la animó diciéndole que la acompañaría durante todo el vuelo. Este detalle descriptivo demuestra cómo la mamá de Tita la ayudó a aprender a volar. Luego, hay un suceso muy importante en el que su papá la protegió de los perros: El papá de Tita distrajo a los perros volando a su alrededor.

En "Amigos del frío y el calor" leí que el husky siberiano puede sobrevivir en la nieve de muchas maneras. Voy a describir una: El husky siberiano tiene una cola tupida que puede enroscar en su hocico para abrigarse.

Vuelve a leer el texto. Sigue las instrucciones.

1. **Encierra en un círculo** un detalle descriptivo de cómo la mamá ayuda a Tita.

2. **Encierra en un cuadro** la oración donde se describe el suceso en el cual el papá protegió a Tita de los perros.

3. **Subraya** un detalle de cómo se abriga el husky siberiano.

4. Escribe un ejemplo de sustantivo propio del texto que escribió Olivia.

Nombre _____

| hilera | hormiguero | inmediato | lección |
| recolectar | suficiente | trasladar | versión |

Lee la historia. Usa las palabras de vocabulario para completar las oraciones. Luego, escribe las respuestas sobre las líneas.

Hay historias que enseñan una _____. Esta es

una _____ de estas historias. La paloma vio a las

hormigas que _____ alimento y en una prolija

_____ lo llevaban al _____. Sin querer,

una hormiga cayó al agua. De _____, la paloma

lanzó una hoja al río. La hormiga se trepó a la hoja y logró

llegar a la orilla. La hoja fue _____ para salvar su

vida. Luego, la hormiga ayudó a salvar la vida de la paloma,

picando el talón de un cazador que quería cazarla.

Nombre _____

Lee el texto. Completa el organizador gráfico de problema y solución.

Nombre _____

Lee el texto. Usa la estrategia de hacer predicciones para predecir lo que sucederá en la historia.

Ayuda para el zorro

Un día soleado, el zorro caminaba por el bosque. Vio
10 un sabroso racimo de uvas en la cima de un árbol. "Es
22 un tentempié saludable", pensó. Subió de un salto para
31 conseguirlas.

32 El zorro estuvo a punto de alcanzar las uvas. Pero no
43 era un gran saltador, y no pudo saltar lo suficientemente
53 alto. Realmente quería las uvas. Entonces ideó un plan.
62 Consiguió una escalera y la apoyó en el árbol. Ahora
72 podría alcanzar las uvas fácilmente.

Nombre _____

77   El viento comenzó a soplar con mucha fuerza. Cuando

86 el zorro subía por la escalera, el viento la volteó al piso.

98 Esto sucedió varias veces. El zorro suspiró desilusionado.

106 Estuvo a punto de rendirse. Una tortuga se acercó

115 sigilosamente.

116   La tortuga tuvo una idea útil. Sostendría la escalera

125 con firmeza mientras el zorro subía. El zorro subió por la

136 escalera, muy entusiasmado, y recogió las uvas.

143   Al bajar, compartió las uvas con la tortuga. El zorro

153 estaba agradecido por la ayuda de su amiga. A veces,

163 necesitamos de la ayuda de un amigo para alcanzar

172 nuestras metas.

Nombre _____

A. Vuelve a leer el texto y responde las preguntas.

1. ¿Cuál era el problema en la historia?

_____

2. ¿Qué pasos siguió el zorro para solucionar el problema?

_____

_____

3. ¿Cómo hizo el zorro para solucionar el problema?

_____

_____

B. Trabajen con un compañero o una compañera. Lean el texto en voz alta. Presten atención a la expresividad. Deténganse después de un minuto. Completen la tabla.

	Palabras leídas	–	Cantidad de errores	=	Puntaje: palabras correctas
Primera lectura		–		=	
Segunda lectura		–		=	

Nombre _____

El zorro y las uvas

Un día el zorro vio un racimo de uvas en lo alto de un árbol. Intentó alcanzarlas, pero no pudo lograrlo. El zorro se marchó. "Esas uvas deben estar agrias", pensó. Es fácil despreciar algo cuando no puedes obtenerlo.

Responde las preguntas sobre la selección.

1. ¿Cómo sabes que este texto es una fábula?

   _____

   _____

2. ¿Qué sucede al comienzo de la fábula?

   _____

3. ¿Qué sucede al final de la fábula?

   _____

4. ¿Qué lección nos enseña la fábula?

   _____

Nombre _____

> Un **sufijo** es una letra o sílaba que se agrega al final de una palabra. Para conocer el significado de una palabra nueva, mira si tiene un sufijo.
>
> El sufijo –**ado** significa "lleno de".
>
> El sufijo –**mente** significa "de una determinada manera".

Lee cada oración. Subraya la palabra que tiene un sufijo. Luego, escribe la palabra y su significado.

1. Un día soleado, el zorro caminaba por el bosque.

_____

2. Ahora podría alcanzar las uvas fácilmente.

_____

3. Una tortuga se acercó sigilosamente.

_____

4. El zorro suspiró desilusionado. Estaba a punto de rendirse.

_____

5. El zorro subió por la escalera, muy entusiasmado, y recogió el racimo de uvas.

_____

Nombre _____

A. Lee el borrador de ejemplo. Usa las preguntas como ayuda para agregar detalles de apoyo que describan el suceso.

> ### Borrador
>
> Todos los días, un niño pastor creía ver a un lobo. Cada vez que creía verlo, gritaba: "¡Lobo!". Los habitantes del pueblo llegaban corriendo. Sentían pena por el niño.

1. ¿Cómo se siente el niño pastor?

2. ¿En qué está pensando el niño cuando cree ver un lobo?

3. ¿Qué detalles podrían explicar mejor las acciones del niño pastor y de los habitantes del pueblo?

B. Ahora revisa el borrador y agrega detalles de apoyo que expliquen tus ideas acerca de cómo el niño pastor y los habitantes del pueblo actúan, piensan y se sienten.

_____

_____

_____

_____

_____

Nombre _____

La niña que escribió el texto de abajo usó evidencias de dos fuentes distintas para seguir la instrucción sobre qué nos enseñan los animales en *Groa y Loki* y en "Cenicienta y sus amigos".

En *Groa y Loki* leí que las hormigas trabajaron durante todo el verano para guardar comida. Mientras tanto, la cigarra Loki cantó y bailó alegremente todo ese tiempo. La hormiguita Groa sentía muchas ganas de bailar, pero como era muy responsable, no lo hizo. Cuando llegó el invierno, Loki no tenía nada para comer y Groa y las hormigas se aburrían en el hormiguero. Groa y las hormigas decidieron que podían ayudarse mutuamente.

En "Cenicienta y sus amigos", en cada versión distintos animales ayudan a la joven para que su sueño se haga realidad: en la versión tradicional, son los ratones; en la china, un pez; en la egipcia, un ave, y en la zuñi, un pavo.

Vuelve a leer el texto. Sigue las instrucciones.

1. **Encierra en un círculo** un detalle de apoyo sobre lo que hacía Loki en el verano.

2. **Encierra en un cuadro** la oración donde se demuestra que Loki no bailaba.

3. **Subraya** un suceso que indique lo que hacían los animales en las versiones de Cenicienta.

4. **Escribe un sustantivo femenino del texto que escribió Mia.

_____

Nombre _____

asomarse	enterrado	escapar	hábitat
naturaleza	nocturno	impacientemente	viaje

A. Lee las pistas. Luego, busca en la columna derecha la palabra de vocabulario que corresponda a la pista. Traza una línea desde la pista hasta la palabra.

1. el mundo que nos rodea   **a.** hábitat

2. dejarse ver por
 una abertura   **b.** escapar

                        c. asomarse

3. lugar natural donde vive
 una planta o un animal   **d.** enterrado

4. huir de un lugar   **e.** nocturno

5. con poca paciencia   **f.** naturaleza

6. un largo paseo   **g.** impacientemente

7. cubierto por algo   **h.** viaje

8. que pertenece a la noche

B. Escribe una oración donde incluyas una palabra de vocabulario.

9. _____

Nombre _____

Vuelve a leer el texto. Completa el organizador gráfico de tema principal y detalles clave.

Tema principal		
Detalle	**Detalle**	**Detalle**

Nombre _____

Lee el texto. Usa la estrategia de hacer predicciones para predecir lo que sucederá en la historia.

Dos tipos de tundra

La tundra ártica

3   El Dr. Jones fue a la **tundra ártica**. Hacía mucho

13 frío y no había árboles. Había pastos y flores. El Dr.

24 Jones estaba ansioso por ver animales. Estudiaba

31 cuidadosamente lo que hallaba.

35   En el cielo, el Dr. Jones descubrió majestuosos **cuervos**

44 y **gaviotas**. En el suelo, vio **lobos grises** y **liebres**

54 **árticas**. Sabía que muchos de estos animales tenían

62 grasa adicional. Esto no era alarmante. Mantenía a los

71 animales calientes durante el frío invierno. Algunos

78 animales dormían, mientras otros migraban hacia

84 el sur.

Nombre _____

86 **La tundra alpina**

89   El siguiente viaje del Dr. Jones fue a la **tundra**

99 **alpina**. Estaba muy interesado en comparar los dos

107 lugares. Esta tundra tampoco tenía árboles. Las plantas

115 alpinas eran muy similares a las árticas. Sin embargo,

124 los animales eran claramente distintos.

129   El Dr. Jones vio aves, como **arrendajos** y **urogallos**.

138 Vio graciosas **ovejas** y **alces** orgullosos. Sabía que

146 algunos de estos animales también tenían grasa

153 adicional. Los mantenía calientes. Algunos de ellos

160 dormían durante el invierno. Otros, se dirigían al sur.

Nombre _____

A. Vuelve a leer el texto y responde las preguntas.

1. ¿Cuál es el tema principal del texto?

_____

_____

2. Nombra un detalle clave de la tundra ártica.

_____

_____

3. Nombra un detalle clave de la tundra alpina.

_____

B. Trabajen con un compañero o una compañera. Lean el texto en voz alta. Presten atención al fraseo. Deténganse después de un minuto. Completen la tabla.

	Palabras leídas	–	Cantidad de errores	=	Puntaje: palabras correctas
Primera lectura		–		=	
Segunda lectura		–		=	

Nombre _____

En la cueva

El científico ingresa en la cueva. Está fría y oscura. Ve **camarones** y **escarabajos de cueva**. Ellos nunca abandonan la cueva. Luego, ve un **caracol**. En ocasiones, el caracol sale de la cueva.

Animales de cueva

Siempre viven en cuevas: camarones, escarabajos y peces de cueva.

A veces viven en cuevas: caracoles, arañas y gusanos.

Responde las preguntas sobre la selección.

1. ¿Cómo sabes que este texto es una narrativa de no ficción?

_____

2. ¿Qué ve después de los camarones y los escarabajos?

_____

3. ¿Por qué **camarones**, **escarabajos de cueva** y **caracol** están en negrilla?

_____

4. ¿Qué información obtienes de la tabla?

_____

Nombre _____

> Un **sufijo** se agrega al final de una palabra y cambia su significado. Para saber qué significa una palabra, puede ayudarte mirar si tiene un sufijo.
>
> El sufijo *–oso*, *–osa* significa "que tiene mucho de".
>
> El sufijo *–mente* significa "de una determinada manera".

A. Subraya en cada oración la palabra que tiene un sufijo. Luego, escribe la palabra y su significado.

1. El Dr. Jones estaba ansioso por ver animales.

_____

2. Estudiaba cuidadosamente lo que hallaba.

_____

B. Escribe una palabra que corresponda a cada definición. Una palabra debe tener el sufijo -*oso*, y la otra debe tener el sufijo -*mente*.

4. de manera clara   5. que tiene mucho orgullo

_____   _____

Nombre _____

A. Lee el borrador de ejemplo. Usa las preguntas como ayuda para agregar palabras que indican secuencia.

Borrador

Vi un tigre blanco cuando visité el zoológico el verano pasado. Era un día muy caluroso y el tigre blanco estaba jadeando. Chapoteó en el lago que rodeaba su corral. Los cuidadores le arrojaron cubos de hielo. Lamió y comió los cubos que contenían fruta. Se trasladó a un lugar donde había sombra.

---

1. ¿Qué hizo el tigre blanco primero? ¿Qué hizo después?

2. ¿Qué sucedió por último?

3. ¿Qué palabras puedes agregar para que la historia sea más fácil de comprender?

B. Ahora revisa el borrador y agrega palabras que indican secuencia, como *primero, luego, después* y *por último* para que los lectores comprendan el orden de los sucesos.

_____

_____

_____

Nombre_____

Estela utilizó detalles del texto para seguir la pregunta: *¿En qué se parecen y en qué se diferencian las tortugas de las dos selecciones? Usa detalles de ambos textos.*

Las tortugas de *Tortuga, ¡ten cuidado!* y "La casa en el río" son muy similares. También son diferentes de algunas maneras.

En la página 166 de *Tortuga, ¡ten cuidado!*, leí que la tortuga madre cubre sus huevos con arena de la playa. La tortuga madre de "La casa en el río" también cubre sus huevos. Lo hace con tierra para protegerlos.

Las tortugas también se diferencian. En *Tortuga, ¡ten cuidado!*, leí que las tortugas nacen en la arena y que luego nadan al océano. Las tortugas de "La casa en el río" nacen en la tierra y luego nadan en el río.

Las tortugas son similares y también son diferentes.

Vuelve a leer el texto. Sigue las instrucciones.

1. **Subraya** el orden de los sucesos desde el nacimiento de las tortugas marinas hasta su regreso al océano.

2. **Encierra en un cuadro** la evidencia del texto de ambas selecciones.

3. **Encierra en un círculo** la oración en la que Estela resume sus ideas.

4. Escribe un sustantivo común del tercer párrafo.

_____

Nombre _____

| acicalarse | adulto | cría | cubierto |
| gigante | mamífero | pelaje | vivo |

Elige la palabra de vocabulario que corresponda para completar las oraciones. Luego, escribe la palabra sobre la línea.

1. Un pollito está _____ de plumas suaves.

2. Algunas _____ se parecen mucho a sus padres.

3. Las ballenas son animales marinos _____.

4. Los gatos _____ para estar limpios.

5. Los caballos son _____ porque alimentan a su cría con su propia leche.

6. El _____ del zorro lo ayuda a mantenerse caliente.

7. Al nacer, las crías necesitan el cuidado de un _____.

8. Los animales necesitan comida y agua para mantenerse _____.

Nombre _____

Vuelve a leer el texto. Completa el organizador gráfico de tema principal y detalles clave.

Tema principal		
Detalle	**Detalle**	**Detalle**

Nombre _____

Lee el texto. Usa la estrategia de volver a leer para asegurarte de comprender la información.

Zarigüeyas

       Una zarigüeya adulta tiene el tamaño de un gato

9   grande. Cuando la madre da a luz, puede tener siete o

20 más crías. Tiene una bolsa en su vientre, al igual que

31 los canguros.

33   Las crías tienen el tamaño de una abeja. Al principio,

43 viven dentro de la bolsa de su madre. Después de

53 aproximadamente dos meses, salen de ella. Aún son

61 pequeñas. La madre puede llevarlas sobre el lomo. Las

70 crías crecen rápidamente. Pronto comenzarán a ser

77 independientes.

Nombre

Zarigüeya

oreja

cola

nariz

bigotes

pulgar

78 La zarigüeya adulta tiene un largo pelaje gris. La
87 cabeza es blanca. Las orejas son negras. Tiene hocico
96 puntiagudo y nariz rosa. La cola y los dedos de las
107 patas también son de color rosa. Tiene una boca con
117 cincuenta dientes filosos.

120 La zarigüeya también tiene una cola muy útil. Mide
129 casi un pie y tiene poco pelo. La zarigüeya puede usarla
140 para sostenerse de las ramas de los árboles. En cada
150 pata trasera, tiene un pulgar. Estos pulgares también la
159 ayudan a agarrarse.

162 A estos animales se los conoce por "hacerse
170 los muertos". Cuando un depredador las acecha,
177 permanecen inmóviles y no se mueven hasta que
185 desaparece la amenaza.

Nombre _____

A. Vuelve a leer el texto y responde las preguntas.

1. ¿Cuál es el tema principal del texto?

_____

2. Menciona un detalle clave sobre una zarigüeya adulta.

_____

_____

3. Menciona un detalle clave sobre una cría de zarigüeya.

_____

B. Trabajen con un compañero o una compañera. Lean el texto en voz alta. Presten atención al fraseo. Deténganse después de un minuto. Completen la tabla.

	Palabras leídas	–	Cantidad de errores	=	Puntaje: palabras correctas
Primera lectura		–		=	
Segunda lectura		–		=	

Nombre _____

Los leopardos y sus cachorros

Los cachorros de leopardo nacen con los ojos cerrados. El pelaje es más largo y más grueso que el de sus padres. También es más gris. Las manchas de los cachorros no pueden verse con facilidad.

Leopardo

cola larga

ojos amarillos

bigotes

garras

manchas negras

Responde las preguntas sobre la selección.

1. ¿Cómo sabes que este texto es expositivo?

_____

_____

2. ¿Qué puedes aprender si observas el diagrama?

_____

_____

3. ¿Qué puedes aprender si lees las etiquetas?

_____

_____

Nombre _____

> Las **palabras con significados múltiples** tienen más de un significado. Usa otras palabras en la oración para saber el significado correcto en cada caso.

Lee cada oración. Piensa en el significado de la palabra en negrilla. Tilda el significado que corresponda al uso de la palabra en cada oración.

1. La madre puede llevar a la cría sobre el **lomo**.

☐ la espalda de los animales

☐ corte de carne de vaca o cerdo

2. Una zarigüeya tiene una **cola** muy útil.

☐ fila de personas

☐ extremidad posterior de los animales

3. La cola las ayuda a sostenerse de las **ramas** de los árboles.

☐ áreas en que se divide una ciencia

☐ parte de un árbol

4. En cada **pata** trasera tienen un pulgar.

☐ hembra del pato

☐ pierna y pie de los animales

Copyright © McGraw-Hill Education

Nombre _____

A. Lee el borrador de ejemplo. Usa las preguntas como ayuda para agregar palabras de enlace.

> **Borrador**
>
> La cría de un perro se llama *cachorro*. Un cachorro es mucho más pequeño que sus padres. Tiene la misma forma que sus padres. Tiene pelaje, igual que sus padres. No puede hacer muchas cosas por sí mismo.

1. ¿De qué manera puedes conectar las ideas en el borrador?

2. ¿En qué se diferencia un cachorro de sus padres?

3. ¿En qué se parece un cachorro a sus padres?

B. Ahora revisa el borrador. Agrega y reemplaza palabras para conectar las ideas con palabras de enlace, como *y, entonces, además, pero* o *sin embargo*.

_____

_____

_____

_____

_____

_____

Nombre _____

Nick utilizó detalles del texto para seguir la pregunta:
¿Qué selección se presenta de manera más clara y fácil de comprender?

Pienso que la selección *Osos bebés* presenta la información de manera más clara que "De oruga a mariposa". Ambas selecciones explican cómo las crías se convierten en adultos, pero están organizadas de maneras diferentes. Me agradan las imágenes de *Osos bebés* para ver las diferencias entre los osos bebés y los osos adultos.

Ambos textos usan diagramas para mostrar el cambio de los animales pero *Osos bebés* comparte más información. Por ejemplo: nombra las ocho clases de osos en la página 190. En la siguiente página, aparece información más detallada sobre una clase de oso, el panda. En "De oruga a mariposa", la mariposa y sus crías son el único tema. El enfoque es el ciclo de vida y se da poca información sobre las clases de mariposas.

Vuelve a leer el texto. Sigue las instrucciones.

1. Nick presenta su opinión en la oración introductoria. **Subraya** la oración introductoria.

2. Nick incluye datos sobre osos y mariposas en su respuesta. **Encierra en un cuadro** uno de esos datos.

3. Encierra en un círculo un conector que conecta ideas.

4. Escribe un sustantivo del texto que cambia al pasar de singular a plural.

_____

Nombre _____

comportarse	detenerse
expresar	maravilla

A. Usa lo que sabes sobre las palabras para elegir la que corresponda a cada oración. Luego, escribe la palabra sobre la línea.

1. Las montañas y los mares son _____ de la naturaleza.

   _____

2. El autobús _____ en la parada.

   _____

3. Los niños saben _____ en el salón de clases.

   _____

4. En mi diario puedo _____ lo que siento.

   _____

B. Elige una palabra de vocabulario. Escribe una oración donde incluyas la palabra.

5. _____

   _____

Nombre _____

Vuelve a leer el texto. Completa el organizador gráfico de detalles clave.

Detalle	Detalle	Detalle

Nombre _____

Lee el poema. Usa la estrategia de volver a leer para verificar la comprensión.

Mi perro

        Este amigo mío, mi buen don Fermín,

7   es un cachorrito, pero no pequeño.

13   No se queda quieto ni un minuto al día.

22   Se escapa muy suelto y busca aventuras,

29   se mete en los charcos, tira la basura,

37   y cava en el huerto y todo tritura.

45   Con sus largas patas, fuertes y ligeras,

51   corre, corre y corre mañanas enteras.

58   Pero cuando oye mi voz, para las orejas

66   y viene corriendo hasta donde estoy.

Nombre _____

72	Si acaso presiente alguna amenaza,
77	toma mi mano en su enorme bocaza,
84	y un camino traza lejos del peligro.
91	En el estanque, él nada conmigo
97	¡nunca me abandona este buen amigo!
103	Solo está sereno al caer la tarde,
110	cuando ya cansado de tanto correr,
116	se echa a mi lado y espera tranquilo
124	las caricias torpes de su buen amigo.
131	¡Yo te quiero mucho, mi fiel don Fermín!

Nombre _____

A. Vuelve a leer el texto y responde las preguntas.

1. ¿Qué detalle clave te indica la edad aproximada del perro?

_____

_____

2. Menciona tres detalles clave que demuestren que el perro es un cachorro.

_____

_____

3. ¿Qué detalles clave sobre el aspecto físico del perro menciona el autor?

_____

B. Trabajen con un compañero o una compañera. Lean el texto en voz alta. Presten atención al fraseo. Deténganse después de un minuto. Completen la tabla.

	Palabras leídas	–	Cantidad de errores	=	Puntaje: palabras correctas
Primera lectura		–		=	
Segunda lectura		–		=	

Nombre _____

El petirrojo

El petirrojo junta ramitas, pelusas,

palillos, piolines e hilos de blusas.

Entrelaza todo de acuerdo a su gusto,

para que su nido sea muy robusto.

Responde las preguntas sobre la selección.

1. ¿Cómo sabes que el texto es un poema?

_____

_____

2. ¿Qué palabras riman en este poema?

_____

_____

3. ¿Qué aprendiste del petirrojo al leer este poema?

_____

_____

Nombre _____

> Las **palabras con significados múltiples** tienen más de un significado. Usa otras palabras de la oración para encontrar el significado correcto en cada caso.

Lee los versos del poema. Encierra en un círculo el significado de la palabra en negrilla.

1. Si acaso presiente alguna amenaza
   toma mi mano en su enorme bocaza.

   agarra   come o bebe

2. toma mi mano en su enorme bocaza
   y un **camino** traza lejos del peligro.

   recorrido   voy andando

3. En el estanque, él **nada** conmigo
   ¡nunca me abandona este buen amigo!

   ninguna cosa   se mueve en el agua

4. Con sus largas **patas**, fuertes y ligeras,
   corre, corre y corre mañanas enteras.

   piernas   hembras de pato

5. Cuando ya cansado de **tanto** correr,
   se echa a mi lado y espera tranquilo.

   mucho   gol

Nombre _____

A. Lee el borrador de ejemplo. Usa las preguntas como ayuda para pensar qué palabras precisas puedes agregar.

> ### Borrador
>
> Era de noche y estábamos afuera.
> Algo se movió, no sabíamos qué era.
> Encendimos la luz, para ver en detalle,
> Era un sapito, cruzando la calle.

1. ¿Qué tipo de noche es?

2. ¿Cómo es la apariencia del sapo?

3. ¿Cómo se mueve el sapo?

B. Ahora revisa el borrador y agrega palabras precisas para que los lectores puedan imaginar la noche y el sapo.

_____

_____

_____

_____

Nombre_____

El niño que escribió el texto de abajo usó evidencias de dos fuentes distintas para seguir la instrucción: Escribe un poema sobre lo que te gusta de los animales de los poemas de esta semana.

La mariposa va y viene, flota en el viento

y con su vuelo agita el tiempo.

Según dicen los versos, la pequeña ardilla,

tiene una solución sencilla

para el frío en la rabadilla.

El gato es tan pequeño

como esta gota que sueño.

El tigre es tan grande

como el aguacero de la tarde.

Vuelve a leer el texto. Sigue las instrucciones.

1. **Encierra en un círculo** un ejemplo de lenguaje preciso sobre el vuelo de la mariposa.

2. **Encierra en un cuadro** los detalles del problema de la ardilla.

3. **Subraya** un ejemplo de dos versos que rimen.

4. **Escribe** un ejemplo de artículo indefinido del texto que escribió Martin.

_____

Nombre _____

cierto	comprobar	fuerza	increíble
medir	objeto	peso	velocidad

A. Lee las pistas. Luego, busca la palabra de vocabulario que corresponda a la pista. Traza una línea desde la pista hasta la palabra.

1. demostrar que algo es cierto   **a.** velocidad

2. qué tan pesado es algo   **b.** increíble

3. asombroso, sorprendente   **c.** peso

4. rapidez en el movimiento   **d.** fuerza

5. que es un hecho verdadero   **e.** comprobar

6. cosa   **f.** medir

7. empujón o jalón   **g.** objeto

8. hallar el tamaño de algo   **h.** cierto

B. Elige una palabra de vocabulario. Escribe una oración donde incluyas esa palabra.

9. _____

_____

Nombre _____

Lee el texto. Completa el organizador gráfico de propósito del autor.

Pista

Pista

Propósito del autor

Nombre _____

Lee el texto. Usa la estrategia de volver a leer para verificar la comprensión de la información nueva o de los hechos difíciles de comprender.

¿Cómo funciona la montaña rusa?

      Pasear en una montaña rusa es como volar. Los

9   carros suben y bajan por la pista a toda velocidad. En

20 las curvas, doblan rápidamente. ¿Sabes cómo funciona

27 una montaña rusa?

30 **El paseo comienza**

33   Una larga cadena se desliza por debajo de la primera

43 pista elevadora. El motor mueve la cadena en un

52 circuito. Es como la cinta transportadora de las cajas de

62 las tiendas. Los carros de la montaña rusa se sujetan

72 a la cadena. La cadena arrastra el tren de la montaña

83 rusa hacia la cima de la colina.

90 **Deslizarse por la pista**

94   El tren llega a la cima de la colina. La cadena se

106 desengancha. La **gravedad** hace que el tren baje por

115 la pista. La gravedad es una **fuerza** que empuja los

125 objetos hacia el centro de la Tierra.

Nombre _____

Montaña Rusa

carros

pista

La gravedad hace que los carros bajen por la colina.

132   A medida que el tren baja por la pista, **acelera**.
142   Adquiere más y más velocidad. Esta velocidad ayuda a
151   que el tren suba la colina siguiente. El estruendo es tan
162   fuerte como un trueno. Luego, se repite todo el proceso.

172   **El paseo termina**

175   Cuando el paseo llega a su fin, el tren de la montaña
187   rusa debe detenerse. Hay frenos en la pista. Estos frenos
197   detienen el **movimiento** del tren. Entonces, comienza
204   a moverse lento como una tortuga. La montaña rusa
213   termina en la misma posición en la que comenzó.

222   Esta es la manera en que funciona una montaña
231   rusa. Piensa en estas fuerzas la próxima vez que te
241   subas a una.

Nombre _____

A. Vuelve a leer el texto y responde las preguntas.

1. ¿Cuál es el tema del texto?

_____

_____

2. Menciona un hecho sobre el tema que incluyó el autor?

_____

_____

3. ¿Cuál es el propósito del autor al escribir este texto?

_____

_____

B. Trabajen con un compañero o una compañera. Presten atención a la entonación. Deténganse después de un minuto. Completen la tabla.

	Palabras leídas	–	Cantidad de errores	=	Puntaje: palabras correctas
Primera lectura		–		=	
Segunda lectura		–		=	

Nombre _____

Cómo funciona un yoyó

Deja caer el yoyó. El yoyó girará mientra la cuerda se **desenrolla**. Seguirá girando hasta que se termine la cuerda. Con un tirón rápido, la cuerda se **enrolla**, y el yoyó se puede volver a lanzar.

La gravedad hace que el yoyó se desenrolle.
Un tirón lo vuelve a enrollar.

Yoyó

Cuerda

Responde las preguntas sobre la selección.

1. ¿Cómo sabes que este texto es un texto expositivo?

_____

_____

2. ¿Por qué las palabras **desenrolla** y **enrolla** están en negrillas?

_____

_____

3. ¿Qué enseña el diagrama?

_____

Nombre _____

> En un **símil** se usa la palabra *como* para comparar dos cosas distintas.

Lee las oraciones. Luego, responde las preguntas.

1. Pasear en una montaña rusa es como volar.

¿Qué dos cosas compara el autor?

_____

¿Qué significa el símil?

_____

_____

2. El motor mueve la cadena en un circuito. Es como la cinta transportadora de las cajas de las tiendas.

¿Qué dos cosas compara el autor?

_____

¿Qué significa el símil?

_____

3. El sonido de la montaña rusa es tan fuerte como un trueno.

¿Qué dos cosas compara el autor?

_____

¿Qué significa el símil?

_____

Nombre _____

A. Lee el borrador. Usa las preguntas como ayuda para agregar palabras que indiquen el orden de las ideas.

Borrador

Tú usas la fuerza de empuje y tracción. Cuando lanzas una pelota a un jugador, usas la fuerza de empuje. Cuando intentas quitarle la pelota a un jugador, usas la fuerza de tracción.

---

1. ¿Qué palabras puedes agregar a la primera oración para que sea más clara?

2. ¿Qué palabras puedes agregar a la segunda oración para que sea más clara?

3. ¿Tiene sentido el orden de las ideas?

B. Ahora revisa el borrador y agrega palabras. Verifica que el orden de las ideas tenga sentido y sea fácil de entender.

_____

_____

_____

_____

_____

Nombre _____

Paul utilizó detalles del texto para seguir la pregunta: *¿En qué se relacionan el movimiento y la gravedad?*

El movimiento y la gravedad se relacionan porque ambos causan que las cosas se muevan. La gravedad es una fuerza que atrae hacia la Tierra. En la página 215 de "Me caigo", se explica que "la gravedad siempre tira de las cosas" y que se caen. En "¡Muévelo!", leí que un movimiento es un cambio de posición.

En "¡Muévelo!", aprendí que las cosas necesitan que "una fuerza tire de ellas o las empuje" para moverse. Por ejemplo, en la página 231, leí que se debe patear o lanzar un balón para que se mueva. Debido a la gravedad, si pateas un balón alto al aire, siempre caerá a la Tierra. El movimiento y la gravedad trabajan juntos todo el tiempo para mover cosas y para bajarlas nuevamente a la Tierra.

Vuelve a leer el texto. Sigue las instrucciones.

1. Encierra en un cuadro una oración qué explique cómo funciona la gravedad cuando pateas un balón al aire.

2. Encierra en un círculo un dato de "Me caigo" que respalda el texto de Paul.

3. Subraya la oración que resume la respuesta de Paul.

4. Escribe un verbo de acción que usa Paul.

_____

Nombre _____

despejado	encender	funcionar	ganas
hamaca	iluminar	pensativo	pilas

Lee la historia. Elige las palabras de vocabulario para completar las oraciones. Luego, escribe las respuestas sobre las líneas.

El cielo estaba _____ y la luz de la

luna _____ el jardín. Max se acostó en la

_____ y disfrutó el espectáculo. Pero de repente,

las nubes cubrieron el cielo y todo se oscureció.

Max se quedó _____. Como no veía nada fue

a buscar una _____. Quiso _____,

pero no pudo hacerla _____ porque no tenía

_____.

Max tuvo que quedarse con las _____ de

contemplar el cielo nocturno.

Nombre _____

Lee el texto. Completa el organizador gráfico de secuencia.

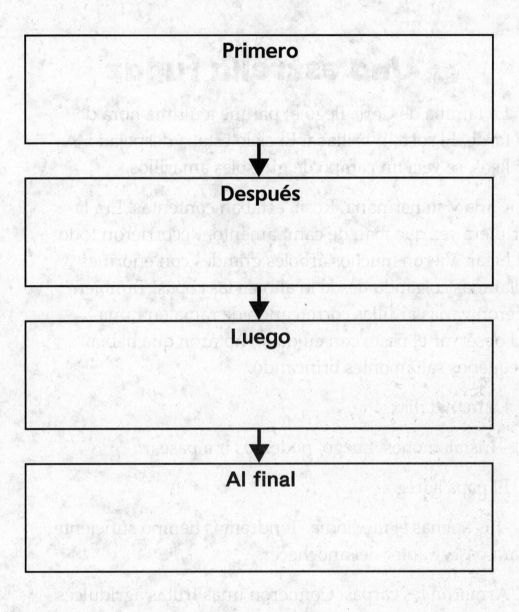

Primero

Después

Luego

Al final

Nombre _____

Lee el texto. Usa la estrategia de volver a leer para verificar la comprensión de los sucesos de la historia.

Una estrella fugaz

La familia de Carla llegó al parque a última hora de
11 la tarde. El sol aún brillaba. El cielo estaba despejado. A
22 lo lejos, se veía un campo de girasoles amarillos.

31 Carla y su hermana, Rosa, estaban contentas. Era la
40 primera vez que iban de campamento. Recorrieron todo
48 el lugar. Vieron muchos árboles grandes con enormes
56 telarañas colgando desde lo alto de las copas. También
65 vieron varias ardillas correteando de rama en rama.
73 Al observar el pasto con cuidado, notaron que había
82 pequeños saltamontes brincando.

85 La mamá dijo:

88 —Instalémonos. Luego, podemos ir a pasear.

94 El papá agregó:

97 —Es apenas el mediodía. Tendremos tiempo suficiente
104 para pasear antes del anochecer.

109 Armaron las carpas. Comieron unas frutas agridulces
116 y se fueron a pasear. Ya había oscurecido cuando
125 regresaron al campamento.

128 —¡Miren! Aquí hay luciérnagas —dijo Carla.

Nombre _____

129   Todos alzaron la vista para observar las luciérnagas.

137   En ese momento, vieron una estrella fugaz atravesar

146   el cielo en la oscuridad de la noche.

153   —¿Qué es eso? —preguntó Rosa.

158   —Es una estrella fugaz. Algunas personas dicen que si

167   pides un deseo al verla pasar, el deseo se hará realidad.

178   Es un lindo pasatiempo —dijo el papá.

185   Carla y Rosa pidieron sus deseos rápidamente.

192   La mamá explicó:

195   — No quiero ser aguafiestas, pero no es exactamente

203   una estrella. Aunque muchos la llaman "estrella fugaz",

211   no es una estrella. En verdad, es polvo que vuela hacia

222   la Tierra. Se calienta y brilla. Eso es lo que vemos.

233   —No importa cómo la llamemos. Espero que nuestros

241   deseos se hagan realidad —dijo Carla.

Nombre _____

A. Lee el texto y responde las preguntas

1. ¿Qué sucede primero en la historia?

_____

_____

2. ¿Qué sucede después de que oscurece?

_____

_____

3. ¿Qué sucede al final?

_____

_____

B. Trabajen con un compañero o una compañera. Presten atención a la entonación. Deténganse después de un minuto. Completen la tabla.

	Palabras leídas	–	Cantidad de errores	=	Puntaje: palabras correctas
Primera lectura		–		=	
Segunda lectura		–		=	

Nombre _____

Figuras en el cielo

Un día, dos amigos jugaron a dar nombres a las figuras que formaban las nubes.

—Mira cuántas nubes hay en el cielo. Esa parece un león —dijo Gabriela.

—Esa nube se parece a un tren —dijo Marcos.

Responde las preguntas sobre la selección.

1. ¿Cómo sabes que este texto es ficción realista?

_____

_____

2. ¿Qué es un diálogo?

_____

_____

3. ¿Qué dice Gabriela?

_____

_____

4. ¿Qué dice Marcos?

_____

Estrategia de vocabulario: **Palabras compuestas**

Nombre _____

> Una **palabra compuesta** es una palabra formada por dos palabras más cortas.

A. Lee las oraciones. Escribe la palabra compuesta.
Traza una línea entre las dos palabras simples.

1. A lo lejos se veía un campo de girasoles amarillos. _____

2. Había pequeños saltamontes brincando. _____

3. Comieron unas frutas agridulces y se fueron a pasear.
_____

B. Escribe el significado de las palabras compuestas.

4. telaraña

_____

5. pasatiempo

_____

6. mediodía

_____

Copyright © McGraw-Hill Education

Nombre _____

A. Lee el borrador. Usa las preguntas como ayuda para agregar palabras que conecten ideas.

Borrador

Javier y el papá estaban acampando. La luz de la luna era brillante. Alumbraba la carpa. Pudo ver la Osa Mayor. La noche estaba tan oscura. Javier soñó que viajaba en un cohete espacial, entonces podía ver más estrellas.

---

1. ¿En qué oración hay una palabra de enlace?

2. ¿Qué oraciones pueden combinarse para conectar ideas?

3. ¿Qué palabras puedes usar para mostrar cómo se conectan las ideas?

B. Ahora revisa el borrador y agrega palabras de enlace para conectar ideas como *y, entonces, pero, porque* o *aunque*.

_____

_____

_____

_____

_____

_____

Nombre _____

La niña que escribió el texto de abajo usó evidencias de dos fuentes distintas para seguir la instrucción: Escribe un párrafo narrativo en el cual Macario explica desde su punto de vista el texto expositivo "Del día a la noche".

El despertador suena porque es un aparato que funciona si tiene pilas, aunque también hay despertados eléctricos y otros, más antiguos, que funcionan a cuerda. Esto sucede porque el despertador no es un ser vivo. Entonces nosotros, que sí somos seres vivos, nos despertamos.

Por la mañana, el Sol está en el este, cerca del horizonte, aunque no lo toca. Luego, al mediodía, está bien alto en el cielo. Finalmente, al anochecer, está otra vez en el horizonte, pero en el oeste. Sin embargo, lo que se mueve es la Tierra, no el Sol.

Todos los días observo el cielo y practico nuevas formas de aprender cómo se mueve la Tierra.

Vuelve a leer el texto. Sigue las instrucciones.

1. ¿Qué detalles descriptivos acerca de los despertadores da Amelia en su narración desde el punto de vista de Macario? **Encierra en un círculo** la oración que describe estos detalles.

2. **Encierra en un cuadro** una palabra de enlace del texto.

3. **Subraya** las palabras que indican secuencia.

4. Escribe al menos dos verbos regulares en presente que haya incluido Amelia en su texto.

_____

Nombre _____

aldea	apartado	divisar	emprender
idea	insistir	prestado	vecino

Elige la palabra que corresponda a cada espacio en blanco. Luego, escribe la palabra sobre la línea.

1. La carretera atraviesa muchas _____ pequeñas.

2. _____ una granja de ovejas en el campo.

3. Luis trabaja en una zona _____.

4. ¿Podría tomar _____ tu lápiz?

5. El niño tiene una buena _____ para el proyecto de arte.

6. La maestra _____ en que los estudiantes se esfuercen.

7. Haremos una fiesta en la calle con los _____.

8. Mis hermanos _____ juntos un negocio.

Nombre _____

Lee el texto. Completa el organizador gráfico de propósito del autor.

Pista

Pista

Propósito del autor

Nombre _____

Lee el texto. Haz y responde preguntas mientras lees para verificar la comprensión.

Ayudar a la comunidad

Hace muchos años que Doug Long anda en bicicleta.

9 A los 16 años, emprendió un viaje solitario. Atravesó

18 todo Estados Unidos a bordo de su bicicleta. ¡Fue una

28 gran travesía para un joven!

33 Ahora cuando Doug anda en bicicleta, suele hacerlo

41 en compañía de niños. Doug trabaja con un grupo de

51 voluntarios. El grupo organiza paseos para los niños

59 de la ciudad. Así aprecian y valoran el mundo que los

70 rodea. Doug los ayuda a explorar la naturaleza.

78 Doug lleva su propia bicicleta y su propio casco a

88 los paseos. Los niños reciben bicicletas y cascos para

97 usar durante la excursión. Luego, van a un parque o a

108 alguna zona atractiva.

Nombre _____

Doug Long ayuda a los niños a conocer más la naturaleza.

111 En un paseo, los niños vieron una oruga. Temían que
121 fuera peligroso tocarla. Doug la recogió para mirarla
129 bien. Al observarla en manos de Doug, los niños vieron
139 que tocarla no era riesgoso. Luego se turnaron para
148 tenerla en sus manos.

152 Entre paseos, los niños aprenden a reparar las
160 bicicletas. Pueden trabajar en un taller de reparación de
169 bicicletas. De este modo, suman puntos. Pueden usar los
178 puntos para obtener una bicicleta propia.

184 A Doug Long le gusta andar en bicicleta. Y le gusta
195 ayudar. Hace que su comunidad sea un lugar mejor.

Nombre _____

A. Vuelve a leer el texto y responde las preguntas

1. ¿Qué quería el autor que supieras sobre Doug Long cuando él tenía 16 años?

_____

_____

2. ¿Qué quería el autor que supieras sobre el trabajo de Doug con un grupo de voluntarios?

_____

_____

3. ¿Cuál es el propósito del autor al escribir este texto?

_____

_____

B. Trabajen con un compañero o una compañera. Lean el texto en voz alta. Presten atención a la expresividad. Deténganse después de un minuto. Completen la tabla.

	Palabras leídas	–	Cantidad de errores	=	Puntaje: palabras correctas
Primera lectura		–		=	
Segunda lectura		–		=	

Nombre _____

Una ciudad apta para bicicletas

Sara Krause vive en Austin, Texas. El alcalde le pidió que propusiera ideas para mejorar la seguridad de quienes circulan en bicicleta. Ahora Sara y muchas otras personas ayudan para que Austin sea una ciudad apta para andar en bicicleta.

Responde las preguntas sobre la selección.

Sara Krause dirigía el grupo de seguridad para bicicletas en Austin.

1. ¿Cómo sabes que este texto es una narrativa de no ficción?

_____

_____

2. ¿Cómo ayudó Sara Krause a la comunidad de Austin?

_____

_____

3. ¿Por qué el autor incluyó una foto?

_____

_____

4. ¿Qué información obtienes del pie de foto?

_____

_____

Nombre _____

> Los sinónimos son palabras que tienen significados muy parecidos.

A. Lee las oraciones. Halla las dos palabras que son sinónimos. Enciérralas en un círculo y luego, escríbelas sobre las líneas.

1. A los 16 años, emprendió un viaje solitario.

   ¡Es una gran travesía para un joven!

   _____   _____

2. Ahora cuando Doug anda en bicicleta, suele hacerlo en compañía de niños.

   El grupo organiza paseos para los chicos de la ciudad.

   _____   _____

B. Lee las oraciones. Escribe una palabra para responder cada pregunta.

Temían que fuera peligroso tocarla. Doug la recogió para mirarla bien. Al observarla en manos de Doug, los niños vieron que tocarla no era riesgoso.

3. ¿Qué palabra en la tercera oración es un sinónimo de **peligroso**?

   _____

4. ¿Qué palabra en la tercera oración es un sinónimo de **mirarla**?

   _____

Nombre _____

A. Lee el borrador. Usa las preguntas como ayuda para agregar palabras y frases que muestren una opinión.

Borrador

La semana pasada mi familia fue al parque. Había basura en el suelo. Quedaba muy feo. Les contamos a nuestros amigos y vecinos. Todos ayudaron a limpiarlo. Ahora el parque está más limpio y agradable.

---

1. ¿Qué siente el autor al ver basura en el parque?

2. ¿Por qué todos ayudan a juntar la basura?

3. ¿Qué sienten todos cuando el parque vuelve a estar limpio?

B. Ahora revisa el borrador y agrega palabras y frases de opinión para mostrar qué siente el autor sobre el tema.

_____

_____

_____

_____

_____

_____

Nombre _____

El niño que escribió el texto de abajo usó evidencias de dos fuentes distintas para seguir la instrucción: *Explica quién debió resolver un problema más difícil, Luis o el caballito.*

En *Biblioburro,* Luis quería llevar sus libros a tierras lejanas para compartirlos con otras personas. Dos burros llevarían los libros. En un momento, el burro Beto no quería cruzar un arroyo. Luis debe tirar de las riendas del burro porque no quiere moverse. Fue un trabajo arduo.

El caballito de los siete colores usó sus poderes mágicos para ayudar a Germán a salvar los cultivos.

Entonces, creo que el problema de Luis fue más difícil. Con esto respondo a la instrucción, pero además voy a fundamentar mi respuesta: Sin poderes mágicos, Luis tuvo que cruzar un arroyo con un burro que se resistía.

Vuelve a leer el texto. Sigue las instrucciones.

1. **Encierra en un círculo** la oración en la que el niño da su opinión.

2. **Encierra en un cuadro** la razón que da el niño para su opinión.

3. **Subraya** las oraciones en las que el niño explica por qué cruzar el arroyo fue un trabajo arduo.

4. **Escribe** un verbo regular en presente.

_____.

Nombre _____

| acontecimiento | advertencia | brusco | daño |
| destruir | meteorológico | peligroso | prevenir |

A. Usa lo que sabes sobre el significado de estas palabras para elegir la que corresponda a cada pista. Escribe la palabra sobre la línea.

1. aviso de peligro inminente _____

2. suceso importante _____

3. deterioro o destrucción _____

4. relativo al clima _____

5. evitar que algo suceda _____

6. que no es seguro _____

7. repentino o rudo _____

8. romper algo para que no pueda usarse _____

B. Elige una palabra de vocabulario. Escribe una oración donde incluyas esa palabra.

9. _____

Nombre _____

Lee el texto. Completa el organizador gráfico de idea principal y detalles clave.

Nombre _____

Lee el texto. Haz y responde preguntas mientras lees para verificar la comprensión.

Hoteles de hielo

8   ¿Quisieras hospedarte en un hotel de hielo? Estos hoteles realmente existen en lugares de clima frío.

16   **¿Qué es un hotel de hielo?**

22   Un hotel de hielo es como un gran **iglú**. Las paredes
33 están hechas de nieve y hielo. Los muebles y los adornos
44 también son de hielo.

48   **¿Cómo se construye un hotel de hielo?**

55   En algunos lugares donde hace frío, se construyen
63 hoteles de hielo. Para construirlos, hay que esperar
71 a que llegue el invierno, porque en el verano hace
81 demasiado calor. Los constructores eligen un lugar cerca
89 de un río congelado. Los obreros cortan muchos bloques
98 de hielo para construir las paredes. Para que los bloques
108 no queden separados, usan una mezcla de nieve y hielo.
118 De este modo, los bloques se mantienen unidos.

126   Cuando terminan de construir las paredes del
133 exterior, los trabajadores construyen el interior. Tallan
140 los bloques de hielo para crear los muebles. También
149 tallan adornos. Todo este trabajo lleva tiempo. Un hotel
158 de hielo grande puede llevar cinco o seis semanas de
168 construcción.

Nombre _____

169   **Hospedarse en un hotel de hielo**

175   Las personas deben abrigarse para hospedarse en un

183 hotel de hielo. La temperatura interna debe permanecer

191 bajo cero. Si la temperatura llega a estar sobre cero, el

202 hielo podría derretirse.

205   La gente usa gruesas bolsas de dormir sobre las

214 camas de hielo. Se sientan en sillas de hielo. Incluso

224 beben de vasos de hielo.

229   **¿Qué le sucede a un hotel de hielo?**

237   Un hotel de hielo permanece solo en pie mientras

246 hace frío. Cuando llega la primavera, el hotel se derrite.

256 El agua regresa al río. Luego, los constructores deben

265 esperar hasta el invierno para que el agua se congele y

276 así construir otro hotel de hielo.

Nombre _____

A. Vuelve a leer el texto y responde las preguntas.

1. ¿Cuál es un detalle clave del texto?

_____

_____

2. ¿Cuál es otro detalle clave del texto?

_____

_____

3. ¿Cuál es la idea principal del texto?

_____

_____

B. Trabajen con un compañero o una compañera. Lean el texto en voz alta. Presten atención al fraseo. Deténganse después de un minuto. Completen la tabla.

	Palabras leídas	–	Cantidad de errores	=	Puntaje: palabras correctas
Primera lectura		–		=	
Segunda lectura		–		=	

Nombre _____

Sequía

Una **sequía** es un largo período de clima seco. Durante una sequía, llueve muy poco o no llueve. Sin agua, los cultivos de los granjeros dejan de crecer. También el **suministro de agua** para las personas es muy bajo.

Qué hacer en una sequía
1. Usar solo el agua necesaria.
2. Asegurarse de que los grifos no pierdan.
3. Ducharse rápido.
4. Regar las plantas exteriores y el césped solo cuando hace frío.

Responde las preguntas sobre la selección.

1. ¿Cómo sabes que este texto es un texto expositivo?

_____

_____

2. ¿Por qué las palabras **sequía** y **suministro de agua** están en negrilla?

_____

_____

3. ¿Qué información obtienes de las notas al margen?

_____

Nombre _____

> Los **antónimos** son palabras que tienen significados opuestos.

A. Lee cada par de oraciones. Halla las dos palabras que son antónimos. Encierra en un círculo los antónimos y luego, escríbelos sobre las líneas.

1. Para que los bloques no queden separados, usan una mezcla de nieve y hielo. De este modo, los bloques se mantienen unidos.

   _____   _____

2. Cuando terminan de construir las paredes del exterior, los trabajadores construyen el interior.

   _____   _____

3. La temperatura interna debe permanecer bajo cero. Si la temperatura llega a estar sobre cero, el hielo podría derretirse.

   _____   _____

4. Cuando llega la primavera, el hotel se derrite.

   Luego, los constructores deben esperar hasta el invierno para que el agua se congele y así construir otro hotel de hielo.

   _____   _____

Nombre _____

A. Lee el borrador. Usa las preguntas como ayuda para agregar un buen final, que sirva de conclusión.

Borrador

Un meteorólogo le habla a la gente acerca del tiempo de la zona. Le dice cuánto calor o cuánto frío hace. También puede advertirle sobre el mal tiempo.

---

1. ¿Cuál es el tema del texto?

2. ¿Cuál es la idea principal?

3. ¿Qué información incluirías en una oración de conclusión?

B. Ahora revisa el borrador y agrega un buen final para resumir el texto e indicar la idea principal.

_____

_____

_____

_____

_____

_____

_____

Nombre_____

Andrew usó evidencia del texto para seguir la instrucción:
Escribe sobre cómo los científicos pueden predecir una ventisca.

Una ventisca es una tormenta con nieve y baja temperatura. Puede ser muy peligrosa. Veo en la página 288 de "Tiempo tormentoso" que en una ventisca puede caer mucha nieve.

Los meteorólogos son los primeros científicos que pueden rastrear una ventisca. Tienen muchas herramientas para hacerlo. Pueden ver en un radar una tormenta que se acerca. En "¿Puede pronosticarse el tiempo?", leí que los radares nos advierten sobre la velocidad y la dirección de una tormenta.

Los meteorólogos advierten sobre grandes tormentas, como ventiscas, en la radio, la televisión y el Internet. El clima nos afecta pero los científicos nos ayudan a mantenernos a salvo.

Vuelve a leer el texto. Sigue las instrucciones.

1. **Encierra en un círculo** un suceso que Andrew descubrió en una fotografía.

2. **Subraya** un dato sobre una ventisca.

3. **Encierra en un cuadro** el final que utilizó Andrew para organizar el texto.

4. Escribe una oración que incluya el verbo *tener*.

_____.

Nombre _____

| concierto | corporal | entender | instrumento |
| música | ovacionar | ritmo | sonido |

Usa lo que sabes sobre las palabras para elegir la que corresponda a cada oración. Luego, escribe la palabra sobre la línea.

1. La actividad física frecuente garantiza la salud mental y la salud _____.

2. Mi hermana escucha _____ folclórica.

3. En el _____, la banda tocó mi canción favorita.

4. Uso un diccionario cuando no _____ una palabra.

5. El piano es un _____ que tiene teclas.

6. Mi primo marca el _____ de la canción en el tambor.

7. Un bebé reconoce el _____ de la voz de su madre.

8. La multitud _____ a su equipo favorito.

Nombre _____

Lee el texto. Completa el organizador gráfico de idea principal y detalles clave.

Nombre _____

Lee el texto. Haz y responde preguntas mientras lees para verificar la comprensión.

Crear música

　　Hay distintas maneras de crear música. Conozcamos
7　algunos instrumentos musicales. Es posible que estén en
15　el grupo musical de tu escuela.

21　**Piano**

22　　El piano es un instrumento musical que tiene 88
31　teclas. Para tocar el piano, presionas las teclas. Esta
40　acción mueve los martillos de madera. Estos golpean las
49　cuerdas de acero. Las cuerdas vibran y producen sonido.
58　Cuando las cuerdas se detienen, el sonido se interrumpe.

67　**Violín**

68　　El violín forma parte de los instrumentos de cuerda. Es
78　una caja de madera hueca. Tiene cuatro cuerdas que se
88　extienden desde la parte superior hasta la inferior. Para
97　tocar el violín, frotas el arco sobre las cuerdas. O puedes
108　puntearlas. Cuando las cuerdas vibran, producen sonido.

Nombre _____

Instrumentos del grupo musical

Cantidad de instrumentos del grupo

Piano Flauta Violín Trompeta

115 **Flauta**

116   La flauta es un instrumento de viento de madera.

126 Es un tubo angosto con orificios para los dedos. Para tocar la

136 flauta, soplas por un agujero ovalado en uno de los

147 extremos. El sonido se produce cuando el aire entra por

157 el agujero y va rebotando dentro del tubo. Para cambiar

167 de nota, tapas y destapas los orificios con los dedos.

177   **Trompeta**

178   La trompeta es un instrumento de metal. Es un largo

188 tubo con un espiral. Uno de sus extremos tiene forma de

199 campana. Tiene un número dispar de pistones; son tres.

208 Para tocar la trompeta, haces vibrar los labios contra la

218 boquilla. Pulsas los pistones para cambiar de nota.

226   Releamos lo que aprendimos sobre los instrumentos.

233 ¿Cuál te gustaría tocar? Nadie puede estar disconforme.

241 ¡Hay un mundo entero de música extraordinaria!

Nombre _____

A. Vuelve a leer el texto y responde las preguntas.

1. Menciona un detalle clave sobre el piano incluido en el texto.

_____

_____

2. Menciona un detalle clave sobre el violín incluido en el texto.

_____

_____

3. ¿Cuál es la idea principal del texto?

_____

_____

B. Trabajen con un compañero o una compañera. Lean el texto en voz alta. Presten atención a la pronunciación. Deténganse después de un minuto. Completen la tabla.

	Palabras leídas	–	Cantidad de errores	=	Puntaje: palabras correctas
Primera lectura		–		=	
Segunda lectura		–		=	

Nombre _____

Calentar la voz

Muchos cantantes calientan la voz antes de cantar. Esto estira los músculos. Tararear es una manera de calentar. Soplar el aire a través de los labios es otra manera. Cantar la escala musical también sirve para calentar la voz.

Minutos

	Tarareo	Labios	Escalas
15			
10			▓▓▓
5	▓▓▓		▓▓▓
Ejercicio de calentamiento	Tarareo	Labios	Escalas

Responde las preguntas sobre la selección.

1. ¿Cómo sabes que este texto es expositivo?

   _____

   _____

2. ¿Qué información obtienes del gráfico de barras?

   _____

   _____

3. ¿Cuánto tiempo dedican los cantantes a cantar las escalas?

   _____

   _____

Nombre _____

> Para conocer el significado de una palabra nueva, busca un **prefijo**, que es una partícula que se añade al comienzo de una palabra.
>
> El prefijo *re-* significa "otra vez".
> El prefijo *extra-* significa "fuera de".
> Los prefijos *des-* y *dis-* significan "no" o "lo contrario".

Lee las oraciones. Subraya la palabra que tenga un prefijo. Luego, escribe la palabra y su significado.

1. Tapas y destapas los orificios con los dedos o con las llaves.

   _____

2. Tiene una cantidad dispar de pistones; son tres.

   _____

3. Releamos lo que aprendimos.

   _____

4. Nadie puede estar disconforme.

   _____

5. ¡Hay un mundo entero de música extraordinaria!

   _____

Nombre _____

A. Lee el borrador. Usa las preguntas como ayuda para pensar sobre el uso de oraciones de distintas longitudes.

Borrador

El músico toma el violín. Se prepara para tocar. Afina el violín. Ordena las hojas de la partitura. Toca una canción alegre.

---

1. ¿Qué oración podrías alargar?

2. ¿Qué oraciones podrías unir?

3. ¿Cómo harías para que las oraciones tengan mayor fluidez?

B. Ahora revisa el borrador y escribe oraciones de distintas longitudes.

_____

_____

_____

_____

_____

Nombre _____

Danny utilizó detalles del texto para seguir la pregunta: ¿Qué diferentes sonidos se pueden escuchar en un concierto?

Se pueden escuchar diferentes sonidos en un concierto. En la página 295 de "Diferentes maneras de disfrutar de la música", leí que la música viene del escenario. Se pueden oír guitarras, tambores y otros instrumentos. También se puede escuchar al público que aplaude y canta al compás de la música. En "Un museo musical", aprendí cómo oímos estos sonidos. En la página 299, leí que el sonido es energía que genera vibraciones. Cuando los músicos tocan sus instrumentos, los hacen vibrar. Estas vibraciones son como olas que hacen vibrar el aire. Al llegar a los oídos de las personas, generan música. Así es como también se oye a los demás fanáticos. Hay muchos sonidos en un concierto. ¡Esto significa que hay mucha energía!

Vuelve a leer el texto. Sigue las instrucciones.

1. **Subraya** la oración en la que Danny presenta el tema.

2. **Encierra en un cuadro** una oración larga y una oración corta que usa Danny.

3. **Encierra en un círculo** un dato sobre el sonido que incluye Danny.

4. **Escribe** una oración en la que Danny combina ideas.

_____

_____

Nombre _____

| desplazarse | escalofriante | espeso | estación |
| lugar | nivel | región | templado |

Elige una palabra de vocabulario que corresponda a cada espacio en blanco. Luego, escribe la palabra sobre la línea.

1. Esta área alta del país es la _____ montañosa.

2. El _____ del agua del río es muy bajo.

3. El salto al vacío de los paracaidistas es _____ .

4. El clima es diferente en todas las _____ del año.

5. En invierno, algunos animales del bosque se _____ hacia lugares más cálidos.

6. La sopa que preparé es demasiado _____ .

7. Este _____ es ideal para construir una casa.

8. Cuando el clima es _____ no hace demasiado calor ni demasiado frío.

Nombre _____

Lee el texto. Completa el organizador gráfico de comparar y contrastar.

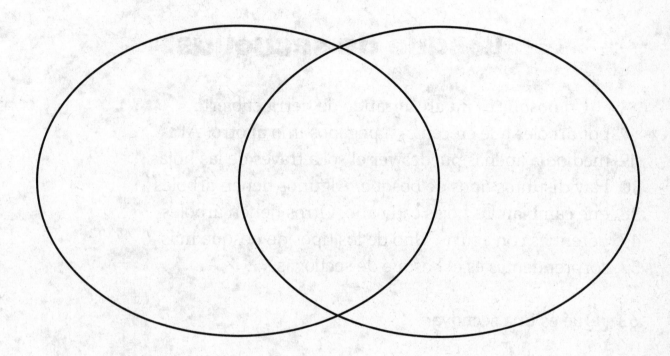

Nombre _____

Lee el texto. Usa la estrategia de volver a leer para verificar la comprensión de la información nueva o de los datos difíciles.

Bosque de secuoyas

Un bosque es un área grande de tierra cubierta
9 por árboles que crecen casi pegados uno al otro. Al
19 mediodía apenas puedes ver el sol a través de las hojas.
30 Hay distintos tipos de bosque. Algunos tienen árboles
38 que cambian las hojas cada año. Otros tienen árboles
47 perennes con agujas. Uno de los tipos de bosque más
57 sorprendentes es el bosque de secuoyas.

63 **¿Qué es una secuoya?**

67 En un bosque de secuoyas, encontrarás algunos de los
76 árboles más altos del mundo. Una secuoya puede medir
85 más de 300 pies. Es tan alta como un rascacielos de 35
97 pisos, un edificio de las grandes ciudades. ¿No te deja
107 boquiabierto?

108 Las secuoyas son algunos de los árboles más antiguos
117 del mundo. Una secuoya puede vivir 2,000 años. Uno
126 de los motivos es que estos árboles pueden resistir los
136 incendios. Su gruesa corteza evita que se quemen. Aún
145 así, se preparan cortafuegos para protegerlos.

Nombre _____

151 **¿Dónde se encuentran las secuoyas?**

156   Los bosques de secuoyas no se encuentran en todos
165 lados. No son todoterreno. California es el único lugar
174 donde crecen en un ambiente natural. Las secuoyas
182 necesitan un clima templado para crecer. La costa de
191 California es un buen lugar.

196   Allí hay niebla casi todos los días. La niebla mantiene
206 la tierra húmeda. También ayuda a que las secuoyas
215 tengan agua. Los árboles absorben el agua de la niebla,
225 y esta va directamente a las hojas.

232   En el pasado, se talaban muchas secuoyas, hasta
240 con motosierras. Estos grandes árboles podrían
246 haber desaparecido. Ahora la mayoría de ellos están
254 protegidos dentro de los parques. Los guardabosques
261 ayudan a cuidarlos. Afortunadamente no podrán ser
268 destruidos nunca más. Las personas son bienvenidas a
276 los parques para conocer estos bosques especiales.

Nombre _____

A. Vuelve a leer el texto y responde las preguntas.

1. ¿En qué se diferencian algunos bosques de otros?

_____

_____

2. ¿En qué se parece una secuoya a un rascacielos de 35 pisos?

_____

_____

3. ¿En qué se diferencia el pasado del presente de las secuoyas?

_____

_____

B. Trabajen con un compañero o una compañera. Presten atención a la pronunciación. Deténganse después de un minuto. Completen la tabla.

	Palabras leídas	–	Cantidad de errores	=	Puntaje: palabras correctas
Primera lectura		–		=	
Segunda lectura		–		=	

Nombre _____

El oasis de Mara

El oasis de Mara es un lugar con agua en el árido desierto de Mojave. El agua proviene del subsuelo. Allí pueden crecer plantas. En el pasado, grupos de nativos americanos vivieron allí.

Responde las preguntas sobre la selección.

1. ¿Cómo sabes que este texto es informativo?

_____

_____

2. ¿Qué es el oasis de Mara?

_____

_____

3. ¿Qué te muestra el mapa?

_____

_____

Nombre _____

> Una **palabra compuesta** es una palabra formada por dos o más palabras simples

Lee las oraciones. Escribe la palabra compuesta y traza una línea entre las palabras simples. Luego, escribe el significado de la palabra compuesta.

1. Es tan alta como un rascacielos de 35 pisos. _____

_____

2. Aún así, se preparan cortafuegos para protegerlos.

_____

_____

3. No son todoterreno. _____

_____

4. Los guardabosques ayudan a cuidarlos. _____

_____

5. En el pasado se talaban muchas secuoyas, hasta con motosierras. _____

_____

Nombre _____

A. Lee el borrador. Usa las respuestas como ayuda para pensar en el tema y las ideas que se relacionan con él.

Borrador

Algunos animales de Nuevo México son diferentes de los de Alaska. No tenemos alces ni caribúes, pero tenemos osos negros y venados. En verano, hace mucho calor. En invierno, hace mucho frío.

---

1. ¿Cuál es el tema del texto?

2. ¿Qué ideas se conectan con el tema?

3. ¿Qué ideas no se relacionan con el tema?

B. Ahora revisa el borrador y elimina las oraciones que no se conectan con el tema. Agrega una oración nueva que se conecte con el tema.

_____

_____

_____

_____

_____

_____

Nombre_____

El niño que escribió el texto de abajo usó evidencias de dos fuentes distintas para seguir la pregunta: *¿En qué se parecen y en qué se diferencian las selvas tropicales de las sabanas africanas?*

Las selvas tropicales y las sabanas africanas son similares en su ubicación en la Tierra y su temperatura. La mayoría de las selvas tropicales están en lugares cálidos cerca del ecuador. Las sabanas también son muy cálidas y están cerca del ecuador. Ambos lugares tienen muchos animales e insectos.

Pero las selvas tropicales y las sabanas también son diferentes. Las selvas tienen muchos árboles muy cerca unos de otros. Las sabanas también tienen árboles pero separados. Las selvas son muy húmedas porque llueve todo el año. Las sabanas tienen pocas lluvias durante la época lluviosa. Durante la temporada de sequía puede no llover nunca.

Las selvas tropicales y las sabanas comparten algunas características pero ambas tienen rasgos que las hacen únicas.

Vuelve a leer el texto. Sigue las instrucciones.

1. **Encierra en un círculo** las oraciones que muestran las diferencias entre las selvas tropicales y las sabanas.

2. **Subraya** un dato sobre las selvas y un dato sobre las sabanas.

3. **Encierra en un cuadro** la oración que resume la respuesta a la consigna.

4. **Escribe** un ejemplo de un verbo conector del texto.

_____.

Nombre _____

activo	arena	explotar	isla
local	propiedad	sólido	Tierra

A. Lee las pistas. Luego, busca la palabra de vocabulario en la columna derecha que corresponda a la pista. Traza una línea desde la pista hasta la palabra.

1. que pertenece a un lugar   **a.** propiedad

2. tierra rodeada de agua   **b.** activo

3. reventarse con ruido y fuerza   **c.** arena

4. partículas de rocas acumuladas
   en la orilla del mar   **d.** isla

5. característica de una cosa   **e.** local

6. en movimiento o en funcionamiento **f.** Tierra

7. planeta en el que vivimos   **g.** sólido

8. fuerte y firme   **h.** explotar

B. Elige una palabra de vocabulario. Emplea la palabra en una oración.

9. _____

_____

Nombre _____

Lee el texto. Completa el organizador gráfico de causa y efecto.

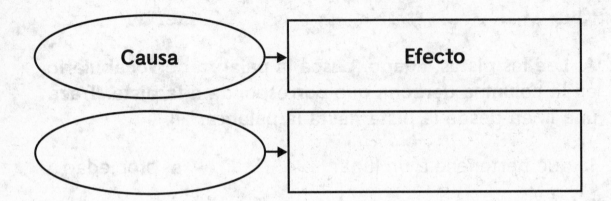

Nombre _____

Lee el texto. Usa la estrategia de volver a leer para verificar la comprensión de la información nueva o de los datos difíciles.

Sunamis

¿Qué es un sunami?

4   Habrás visto **olas** gigantes en la playa. ¡Ahora

12 imagina olas que alcanzan una altura de más de 100

22 pies! Los sunamis son un conjunto de olas oceánicas

31 que impactan contra la tierra. Las olas parecen gigantes

40 muros de agua.

43   Los sunamis tienen diferentes **causas**. Una de las

51 causas es un terremoto submarino que hace que el

60 suelo oceánico se mueva y tiemble. Otras causas son los

70 desprendimientos de tierras o los volcanes debajo del

78 agua. Estos fuertes movimientos producen las olas de los

87 sunamis. Las olas se dirigen hacia la costa, la tierra que

98 bordea el océano.

101   Cuando las olas del sunami se originan, pueden

109 medir solo un pie de alto. Se extienden, o llegan, hasta

120 lo profundo del océano.

Nombre _____

124   Las olas viajan hacia la costa. Las olas pueden

133 desplazarse hasta 500 millas por hora. Son tan veloces

142 como un avión reactor.

146   Cuando las olas alcanzan el agua superficial cerca de

155 la tierra, disminuyen la velocidad. Comienzan a unirse.

163 Esto hace que aumenten la altura. Luego, las enormes

171 olas impactan en la costa.

176 **Daños producidos por los sunamis**

181   Los sunamis causan mucho daño y destrucción.

188 Pueden lastimar a las personas. Pueden destrozar casas

196 y derribar árboles. Pueden provocar inundaciones.

202 Pueden hacer que el agua potable no sea segura.

211 **Advertencia de sunamis**

214   Existen sistemas para advertir, o informar, a las

222 personas que se acerca un sunami. Las personas se

231 enteran de que las enormes olas se aproximan. Eso

240 les permite trasladarse a terrenos más altos para

248 mantenerse a salvo de los sunamis.

Nombre _____

A. Vuelve a leer el texto y responde las preguntas.

1. ¿Qué tres cosas pueden causar un sunami?

_____

_____

2. ¿Qué efecto se produce cuando las olas alcanzan el agua superficial cerca de la tierra?

_____

_____

3. ¿Qué sucede cuando se les advierte a las personas sobre la llegada de un sunami?

_____

_____

B. Trabajen con un compañero o una compañera. Presten atención al fraseo. Deténganse después de un minuto. Completen la tabla.

	Palabras leídas	–	Cantidad de errores	=	Puntaje: palabras correctas
Primera lectura		–		=	
Segunda lectura		–		=	

Nombre _____

Avalancha

Una **avalancha** es un desprendimiento de nieve. En la cima de una montaña, se desprende un gran **trozo** de nieve. Esta nieve se desliza por la **pendiente** a gran velocidad. Se acumula en la base de la montaña.

Responde las preguntas sobre la selección.

1. ¿Cómo sabes que este texto es expositivo?

_____

_____

2. ¿Por qué las palabras **avalancha, trozo** y **pendiente** están en negrilla?

_____

3. ¿Cuál es la causa de una avalancha?

_____

4. ¿Cuál es el efecto de una avalancha?

_____

Nombre _____

> Observa este ejemplo de **claves de contexto** en una oración. Las palabras subrayadas explican qué significa *altura*.
>
> ¡Ahora imagina olas que alcanzan una **altura** de más de 100 pies!

Lee las oraciones. Escribe el significado de la palabra en negrilla. Subraya las claves de contexto en la oración.

1. Los **sunamis** son un conjunto de olas oceánicas que impactan contra la tierra.

_____

2. Una de las causas es un **terremoto** submarino que hace que el suelo oceánico se mueva y tiemble.

_____

3. Se **extienden**, o llegan, hasta lo profundo del océano.

_____

4. Las olas se dirigen hacia la **costa**, la tierra que bordea el océano.

_____

5. Los sunamis causan mucho **daño** y destrucción.

_____

Nombre _____

A. Lee el borrador. Usa las preguntas como ayuda para agregar palabras que indican secuencia.

Borrador

Algunas playas tienen acantilados empinados. Las olas chocan contra las rocas. El agua arrastra los pedacitos de roca. La cima del acantilado puede caerse al mar.

---

1. ¿Qué sucede primero en el proceso de erosión de las playas? ¿Qué sucede después?

2. ¿Qué sucede por último?

3. ¿Qué palabras que indican secuencia puedes agregar para que el orden de los sucesos sea más claro?

B. Ahora revisa el borrador y agrega palabras que indican secuencia como *primero, luego, después* y *por último* para que los lectores comprendan el orden de los sucesos.

_____

_____

_____

_____

Nombre _____

Madison utilizó detalles del texto para seguir la pregunta: *¿Por qué los volcanes y los incendios prueban que la Tierra cambia constantemente?*

> Los volcanes y los incendios forestales provocan cambios en la Tierra. Son prueba de que la Tierra está en constante cambio.
>
> Leí en la página 325 y 326 de "Los volcanes" que la lava ha formado montañas e islas al esparcirse y enfriarse en la superficie de la Tierra. La lava ha destruido bosques enteros por su alta temperatura. Los ha reducido a cenizas. En la página 331, leí que las cenizas de los volcanes han ayudado a algunas plantas a crecer.
>
> En "Al rescate", leí en la página 334 que los incendios forestales queman árboles y plantas. Esto sucede en un instante. Luego, nuevas plantas pueden volver a crecer en ese lugar.
>
> Los volcanes y estos incendios prueban que la Tierra cambia.

Vuelve a leer el texto. Sigue las instrucciones.

1. **Encierra en un cuadro** la oración que presenta el tema.

2. **Subraya** la evidencia del texto que muestra cómo la lava puede darle nueva forma a la Tierra.

3. **Encierra en un círculo** una palabra de orden temporal que indica cuando una planta vuelve a crecer tras un incendio forestal.

4. **Escribe** un ejemplo de un verbo auxiliar.

_____

Nombre _____

común	costumbre	desfile	disfraz
favorito	preguntarse	rodeado	viajar

Lee la historia. Elige las palabras de vocabulario para completar las oraciones. Luego, escribe las respuestas sobre las líneas.

Mi familia _____ por todo el país. Dondequiera

que vamos, conocemos diferentes _____ y

celebraciones.

Visitamos una ciudad _____ de granjas.

Todos los veranos, la gente se reúne en un espacio compartido,

un área _____ para la feria de la cosecha.

También visitamos una ciudad donde hay muchos

_____ en las calles. El acto de los payasos es mi

parte _____. Cada payaso usa un _____

divertido.

¡Me _____ qué veré la próxima vez!

Nombre _____

Lee el texto. Completa el organizador gráfico de comparar y contrastar.

Nombre _____

Lee el texto. Usa la estrategia de visualizar para imaginar lo que sucede en la historia.

Agradecer dos veces

     Era un día fresco de noviembre. El sol tenue pendía en

11 el cielo como una moneda de cobre. Mi amigo Ricardo

21 y yo regresábamos de la escuela caminando. De pronto,

30 sentí una brisa tan aguda como un cuchillo.

38   Ese día, en la escuela, habíamos estudiado el Día

47 de Acción de Gracias. Aprendimos que los antiguos

55 pobladores celebraron su primera cosecha en esta misma época

62 del año. Realizaron un gran banquete para agradecer

70 todo lo que tenían.

76   —Mi papá compró un pavo tan grande como una

85 almohada. ¿Comerás pavo el Día de Acción de Gracias?

94 —le pregunté a Ricardo.

98   Mientras me respondía, sonrió de oreja a oreja.

106 —Sí, comeremos pavo. ¡Y también arroz!

Nombre _____

112   Ricardo explicó que su familia celebraba el Día de
121 Acción de Gracias del Trabajo. Era una festividad de
130 Japón, donde sus padres habían vivido. Me contó que
139 esta festividad era una celebración de la cosecha, igual
138 que el Día de Acción de Gracias estadounidense.

146   —¡Ambas festividades también son en noviembre! —
152 exclamé.

153   Ricardo me contó que el año pasado se había perdido
163 el Día de Acción de Gracias estadounidense. Estaba
171 en Japón celebrando el Día de Acción de Gracias del
181 Trabajo. Estaba visitando a sus abuelos. Vio desfiles.
189 Había exhibiciones de frutas y verduras, como coloridos
197 arcoíris.

198   —Eran para agradecer las buenas cosechas —explicó
205 Ricardo.

206   —Eres afortunado —dije—. Celebras dos Días de
213 Acción de Gracias.

216   —¿Por qué no nos visitas el Día de Acción de Gracias
227 del Trabajo? ¡Entonces tú también podrás celebrar dos
235 Días de Acción de Gracias!

Nombre _____

A. Vuelve a leer el texto y responde las preguntas.

1. ¿En qué se parecen el Día de Acción de Gracias y el Día de Acción de Gracias del Trabajo?

_____

_____

2. ¿En qué se diferencian el Día de Acción de Gracias y el Día de Acción de Gracias del Trabajo?

_____

_____

3. ¿Cómo celebran el narrador y Ricardo las festividades?

_____

_____

B. Trabajen con un compañero o una compañera. Presten atención a la expresividad. Deténganse después de un minuto. Completen la tabla.

	Palabras leídas	–	Cantidad de errores	=	Puntaje: palabras correctas
Primera lectura		–		=	
Segunda lectura		–		=	

Nombre _____

Ir a la escuela

Mi nombre es Alba. Yo voy a la escuela en México. Estudio seis materias, incluidas Español e Inglés. A la hora del almuerzo, compro comida en la tienda de la escuela y como al aire libre con mis amigos.

Responde preguntas sobre la selección.

1. ¿Cómo sabes que este texto es una ficción realista?

_____

_____

2. ¿Quién está contando la historia? ¿Cómo lo sabes?

_____

_____

3. ¿Cuál es un suceso realista que cuenta Alba?

_____

_____

Nombre _____

> Un **símil** compara dos cosas diferentes. Se usan las palabras *como y tan… como* para comparar.

Lee las oraciones. Luego, responde las preguntas.

1. El sol tenue pendía en el cielo como una moneda de cobre.

   ¿Qué dos cosas compara el autor? _____

   _____

   ¿Qué significa el símil? _____

   _____

2. Mi papá compró un pavo tan grande como una almohada.

   ¿Qué dos cosas compara el autor? _____

   _____

   ¿Qué significa el símil? _____

   _____

3. Había exhibiciones de frutas y verduras, como coloridos arcoíris.

   ¿Qué dos cosas compara el autor? _____

   _____

   ¿Qué significa el símil? _____

   _____

Nombre _____

A. Lee el borrador. Usa las preguntas como ayuda para agregar palabras, descripciones y signos de puntuación que muestren los sentimientos del autor.

Borrador

Querido Franco:

   La semana pasada fui a la celebración del Cinco de Mayo. Había música y baile. Las bandas tocaron música mexicana. La gente usó disfraces. Incluso había comida mexicana.

                                        Tu amigo,

                                        Máximo

---

1. ¿Qué siente el autor sobre la celebración?

2. ¿Qué palabras pueden describir la música, el baile y los disfraces?

3. ¿Dónde puedes agregar signos de puntuación para mostrar qué siente el autor?

B. Ahora revisa el borrador y agrega palabras, descripciones y signos de puntuación para mostrar qué siente el autor sobre la celebración del Cinco de Mayo.

_____

_____

_____

Nombre_____

El niño que escribió el texto de abajo usó evidencias de dos fuentes distintas para seguir la instrucción: Escribe una carta de Groa invitando a los animales que acompañan a Cenicienta a reunirse para conversar.

Estimados amigos:

Mi nombre es Groa y soy una hormiga muy trabajadora. Durante el verano conocí a Loki, una cigarra que tiene mucho talento para la música. Al escucharla me siento feliz y me dan ganas de bailar. Con Loki llegamos a un acuerdo: nosotras le daremos comida en el invierno y ella nos alegrará con su arte.

Hoy les escribo para invitarlos a visitarnos. Primero les contaré que hemos arreglado varias viviendas para que todos podamos juntarnos a conversar y disfrutar del canto y el baile. Nos encantará escuchar las maravillosas historias sobre cómo ayudaron a sus amigas a hacer realidad sus sueños.

Esperando su respuesta, les envío un cariñoso saludo,

Groa

Vuelve a leer el texto. Sigue las instrucciones.

1. Encierra en un círculo un ejemplo de voz en el que se muestran los sentimientos de Groa con respecto al canto.

2. Subraya una palabra que indique el orden de los sucesos.

3. Encierra en un cuadro un ejemplo de detalle que muestre lo que piensa Groa con respecto a la visita de sus amigos.

4. Escribe un ejemplo de verbo irregular ser, en presente.

Nombre _____

alameda	constancia	escena	espesura
representar	sabiduría	semejanza	tallo

Escribe sobre la línea la palabra de vocabulario que corresponda para completar las oraciones.

1. La _____ entre estos hermanos es asombrosa.

2. La gran tormenta no pudo quebrar los débiles _____ de las plantas.

3. En esta _____ los actores simulan una pelea.

4. Tomás nunca creyó que alcanzaría la _____ de su maestro.

5. Han puesto más bancos a lo largo de la _____ .

6. La ardilla se perdió en la _____ del bosque.

7. En el teatro del barrio se _____ obras clásicas.

8. Su _____ en el estudio hizo que consiguiera llegar muy lejos.

Nombre _____

Lee el texto. Completa el organizador gráfico de tema.

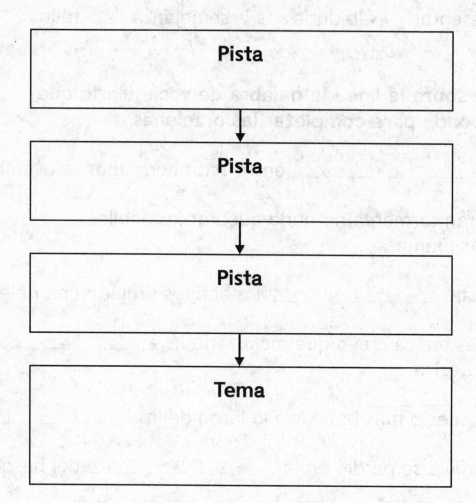

Pista

Pista

Pista

Tema

Nombre _____

Lee el texto. Usa la estrategia de visualizar para imaginar lo que sucede en la obra de teatro.

El coyote trae fuego

Personajes		
Narrador	Coyote	Ardilla
Ardilla listada	Rana	Dos seres de fuego

Narrador: En el pasado, las personas no tenían fuego.
9   El coyote decidió traérselo.

13   (El coyote habla con la ardilla, la ardilla listada y la rana).

25 **Coyote:** Yo sé dónde podemos conseguir fuego. Los seres
34 de fuego lo tienen en su campamento. Tengo un plan
44 factible para llevarme el fuego. ¿Me ayudarán?

51 **Ardilla:** Todos te ayudaremos si nos dices qué debemos
60 hacer.

61 **Coyote:** Síganme silenciosamente.

64   (Los animales se acercan sigilosamente al campamento
71   de los seres de fuego. El coyote toma una ramita con
82   fuego y huye).

85 **Ardilla listada:** ¡Cuidado, Coyote! Los seres de fuego te
94 están persiguiendo. ¡Corre rápido!

98 **Rana:** ¡Los seres de fuego tocaron la punta de la cola
109 del coyote! Ahora el pelaje allí es blanco.

Nombre _____

117 **Ardilla:** Coyote, lánzame el fuego que yo lo atraparé.

126   (El coyote le lanza el fuego a la ardilla).

135 **Coyote:** Ay, Ardilla, atrapaste el fuego con la cola. El
145 calor del fuego ondeó tu cola hacia la espalda.

154 **Ardilla listada:** Ardilla, lánzame el fuego a mí.

162   (La ardilla le lanza el fuego a la Ardilla listada).

172 **Coyote:** ¡Cuidado, Ardilla listada, un ser de fuego está
181 justo detrás de ti!

185 **Rana:** El ser de fuego rasguñó la espalda de la Ardilla
196 listada. Miren las tres rayas en su espalda. ¡Lánzame el
206 fuego a mí, Ardilla listada!

211   (La Ardilla listada le lanza el fuego a la rana. Un ser de
224   fuego atrapa a la rana, pero esta consigue huir. El ser de
236   fuego aún sostiene la cola de la rana).

244 **Ardilla:** ¡Rana, has perdido la cola!

250 **Coyote:** Aquí viene otro ser de fuego. Rana, lanza el
260 fuego hacia el bosque.

264 **Narrador:** Ahora el bosque tiene fuego. El coyote
272 mostró a las personas una destreza útil. Frotó dos
281 ramitas para hacer fuego. A partir de ese día, las
291 personas tuvieron fuego.

Nombre _____

A. Vuelve a leer el texto y responde las preguntas.

1. ¿Qué quiere hacer el coyote para las personas?

_____

_____

2. ¿Cómo hacen el coyote y los animales para conseguir fuego?

_____

_____

3. ¿Cuál es el tema del texto?

_____

_____

B. Trabajen con un compañero o una compañera. Lean el texto en voz alta. Presten atención a la expresividad. Deténganse después de un minuto. Completen la tabla.

	Palabras leídas	–	Cantidad de errores	=	Puntaje: palabras correctas
Primera lectura		–		=	
Segunda lectura		–		=	

Nombre _____

La cola rechoncha del oso

Zorro: Oso, mete la cola en este agujero, en el hielo. Así puedes atrapar peces.

(El oso se sienta y pone la cola en el hielo).

Oso: Mi cola está fría. Ahora me voy a levantar.

(El oso se levanta. Su cola se desprende. Ahora tiene una cola cortita).

Responde las preguntas sobre la selección.

1. ¿Cómo sabes que este texto es una obra de teatro?

   _____

   _____

2. ¿Por qué el oso metió la cola en el agujero, en el hielo?

   _____

3. ¿Qué lección aprendió el oso sobre el zorro?

   _____

Nombre _____

> Una raíz de palabra es una palabra a la que se agregan otras partes de palabras.

Lee las oraciones. Encierra en un círculo la raíz de palabra en la palabra en negrilla. Luego, escribe el significado de la palabra en negrilla.

1. El coyote **decidió** traérselo.

_____

2. Todos te **ayudaremos** si nos dices qué debemos hacer

_____

3. Síganme **silenciosamente**.

_____

4. Los seres de fuego te están **persiguiendo**.

_____

5. Coyote, lánzame el fuego que yo lo **atraparé**.

_____

Nombre _____

A. Lee el borrador. Usa las preguntas como ayuda para agregar un nuevo personaje a la obra de teatro.

Borrador

Ardilla: Quiero ir de viaje a recorrer el bosque. Pero no puedo cargar yo sola el agua y los alimentos para la travesía.

Ciervo: ¡Yo puedo ayudarte! Si me invitas al viaje, puedo cargar cosas sobre mi lomo.

Ardilla: ¡Claro! Será más divertido si vamos juntos.

---

1. ¿Cómo mejorará el viaje de Ardilla si va con su amigo Ciervo?

2. ¿Cómo cambiaría el viaje si invitaran a un amigo más?

3. ¿De qué otra manera podrían hacer que el viaje sea más fácil y divertido yendo de a tres?

B. Ahora revisa el borrador y crea un nuevo personaje que haga planes para ir de viaje con Ardilla y Ciervo.

_____

_____

_____

_____

_____

Nombre _____

La niña que escribió el texto de abajo usó evidencias de dos fuentes distintas para seguir la instrucción: Escribe un párrafo en el cual describas cómo disfrutan la naturaleza los personajes de las dos selecciones que leíste en la semana.

> En *El saltamontes y el caracol*, Saltamontes, que era un poco burlón y engreído, detuvo su carrera para disfrutar del paisaje y divertirse con sus amigos. El pobre Caracol, que era más lento pero mucho más perseverante, no pudo disfrutar de nada porque si se detenía nunca llegaría a la meta.
>
> El pequeño Etsa era un niño que amaba la naturaleza pero debía cazar aves para complacer a su padre. Yápankam, la última paloma que quedaba, le enseñó cómo podía ayudar para que la naturaleza reviviera a las otras aves. El niño recogió las plumas, las arrojó con su cerbatana y las aves revivieron y se quedó a vivir en la selva junto a las aves. Me parece que ahora sí estará contento y será feliz.

Vuelve a leer el texto. Sigue las instrucciones.

1. **Encierra en un círculo** una oración donde la niña habla de los personajes.

2. **Encierra en un cuadro** los detalles que respaldan su opinión.

3. **Subraya** la oración que expresa una opinión de Lily.

4. *Escribe* un ejemplo del verbo irregular *estar* en presente.

_____

Nombre _____

| afuera | gustar | tejado | verdor |

A. Elige la palabra de vocabulario que corresponda a cada pista. Escribe la palabra sobre la línea.

1. resultar algo agradable a alguien _____

2. al aire libre _____

3. color verde, como el de las plantas _____

4. parte superior de una casa cubierta por tejas _____

B. Completa las oraciones con una palabra de vocabulario.

5. Jugamos _____ cuando el tiempo está lindo.

6. Me _____ el pastel de manzana que hornea mi mamá.

7. Los gatos caminan por el _____ .

8. Me agrada el _____ de las plantas del jardín.

C. Elige una palabra de vocabulario. Escribe una oración que contenga esa palabra.

9. _____

Nombre _____

Lee el texto. Completa el organizador gráfico de tema.

```
┌─────────────────────────────────────┐
│              Pista                   │
│                                      │
│                                      │
│                                      │
└─────────────────────────────────────┘
                  │
                  ▼
┌─────────────────────────────────────┐
│              Pista                   │
│                                      │
│                                      │
│                                      │
└─────────────────────────────────────┘
                  │
                  ▼
┌─────────────────────────────────────┐
│              Pista                   │
│                                      │
│                                      │
│                                      │
└─────────────────────────────────────┘
                  │
                  ▼
┌─────────────────────────────────────┐
│              Tema                    │
│                                      │
│                                      │
│                                      │
│                                      │
└─────────────────────────────────────┘
```

Nombre _____

Lee el poema. Usa la estrategia de visualizar para imaginar lo que sucede en el poema.

Patinando

	La temperatura, bajo cero.
4	El estanque es un espejo
9	muy suave y brillante.
13	Entusiasmada, salgo a patinar
17	por primera vez en este invierno.
23	Soy una hoja tambaleante,
27	aterrizo sobre el hielo.
31	Y allá voy. Pie derecho, luego izquierdo,
38	pie derecho, luego izquierdo.
42	Con mis alas extendidas
46	soy un pájaro sobre el hielo.
52	Hago un giro y vuelvo a comenzar.
59	Levanto mis ojos y, en lo alto,
66	un disco de plata me ilumina.

Nombre _____

72	Debajo de mis pies,
76	en el hielo, las burbujas
81	son perlas de cristal tallado.
86	El aire helado acaricia mi rostro
92	e incendia mis mejillas.
96	Pero no tengo frío.
100	Con cada vuelta,
103	se aviva por dentro
107	un fuego ardiente
110	que me impide parar.
114	Giro y salto y giro y vuelvo a saltar.
123	Todo termina. Una última vuelta y ya está.

Nombre _____

A. Vuelve a leer el poema y responde las preguntas.

1. ¿Cuál es el ambiente del poema?

_____

_____

2. ¿Qué hizo la niña?

_____

_____

3. ¿Cuál es el tema del poema?

_____

_____

B. Trabajen con un compañero o una compañera. Presten atención al fraseo. Deténganse después de un minuto. Completen la tabla.

	Palabras leídas	–	Cantidad de errores	=	Puntaje: palabras correctas
Primera lectura		–		=	
Segunda lectura		–		=	

Nombre _____

Día de lluvia

Llueve... llueve... llueve muy fuerte,

yo aquí encerrado, ¡qué aburrimiento!

Ahora caen gotas... gotas... gotas...

¿cuándo podré jugar al aire libre?

Lentamente comienza a parar...

Con alegría, me preparo para salir.

Responde las preguntas sobre la selección.

1. ¿Cómo sabes que este texto es un poema de verso libre?

_____

_____

2. ¿Qué palabras repite el poeta en el poema?

_____

_____

3. ¿Por qué el poeta usa la repetición?

_____

_____

Nombre _____

> El **lenguaje figurado** le da otro significado a las palabras para crear imágenes en la mente del lector.

Lee los versos y observa el uso del lenguaje figurado en cada caso. Luego, responde las preguntas sobre el significado.

1. El estanque es un espejo
muy suave y brillante.

¿Realmente la niña patina sobre un espejo? ¿Por qué el autor usa la palabra espejo para referirse al estanque.

_____

_____

2. Con mis alas extendidas
soy un pájaro sobre el hielo.

¿Realmente tiene alas la niña? ¿Por qué crees que la niña habla de tener alas y ser un pájaro?

_____

_____

3. se aviva por dentro
un fuego ardiente

¿A qué crees que se refiere la niña cuando menciona el fuego?

_____

_____

Nombre _____

A. Lee el borrador. Usa las preguntas como ayuda para pensar qué palabras sensoriales puedes agregar.

> **Borrador**
>
> Una mariposa revolotea
> Sus alas parecen piedras brillantes
> Se detiene sobre una flor

1. ¿Cómo se mueve la mariposa?

2. ¿Cómo son sus alas?

3. ¿De qué color es la flor? ¿Cómo son sus pétalos? ¿Cómo huele?

B. Ahora revisa el borrador y agrega palabras sensoriales.

_____

_____

_____

_____

Nombre_____

El niño que escribió el texto de abajo usó evidencias de dos fuentes distintas para seguir la instrucción: Compara dos poemas que te hayan gustado y explica por qué los elegiste.

El poema "Viva el sol de la mañana" me gustó porque es como un canto de alegría. Me imagino al poeta recorriendo los campos y gritando "viva el sol" cada vez más admirado, feliz y emocionado. En "¿Sabrá la noche?" me gustaron mucho los pensamientos que muestran cuánto le gusta al poeta el cielo nocturno. Para él, la luna es una habitante de la noche que no necesita que la dibujen ni que le escriban poemas para ser misteriosa y bella.

Hablando de momentos diferentes del día, los dos poetas hicieron que yo también me emocionara y disfrutara de la naturaleza mientras leía los poemas. Estas son las razones por las que elegí estos poemas y los comparé en este texto de opinión.

Vuelve a leer el texto. Sigue las instrucciones.

1. ¿Qué palabras sensoriales usó Ryan para respaldar su opinión? **Encierra en un círculo** la oración que contiene esas palabras.

2. **Encierra en un cuadro** los detalles de apoyo que dio Ryan para explicar por qué le gusta el poema "¿Sabrá la noche?".

3. **Subraya** la conclusión de Ryan.

4. Escribe un ejemplo del pretérito del verbo irregular hacer en el texto de Ryan.

_____

Nombre _____

| anaquel | asombrado | combinar | derecho |
| donación | obsequiar | posibilidad | responsabilidad |

A. Elige la palabra que corresponda a cada pista. Escribe la palabra sobre la línea.

1. entrega voluntaria de algo que tienes _____

2. unir una cosa con otras _____

3. estante donde se colocan cosas _____

4. regalar algo a alguien _____

5. obligación de hacer algo _____

6. sorprendido, que siente asombro _____

7. circunstancia para que algo suceda _____

8. lo que la ley indica que puedes hacer o tener _____

B. Elige una palabra de vocabulario. Escribe una oración que contenga esa palabra.

9. _____

_____

_____

Nombre _____

Lee el texto. Completa el organizador gráfico de punto de vista.

Personaje	Pista	Punto de vista

Nombre _____

Lee el texto. Usa la estrategia de resumir para contar los sucesos importantes con tus propias palabras.

El gatito perdido

Un día mi amiga Cora y yo vimos un cartel hecho a
12 mano que estaba fijado en un poste de la calle. El cartel
24 tenía una foto de un gatito y decía: *GATITO PERDIDO.*
34 *Por favor, si encuentras a mi gatito, Botas, llama a Samanta*
45 *al 555-0505.*

47   —Samanta es nuestra vecina, Pamela. Le acaban de
55 regalar un gatito y ahora su mascota está perdida. Me
65 siento mal de no poder hacer nada para ayudarla —dijo
75 Cora tristemente.

77   Yo di mi opinión.

81   —No es imposible. ¡Hay algo que podemos hacer!
89 Podemos pedirles a los vecinos que nos ayuden a buscar
99 a Botas.

101   Le pedimos a mi papá que nos ayudara con el plan
112 de búsqueda en el barrio. Primero, fuimos a hablar con
122 Samanta.

123   Samanta nos explicó lo que había sucedido.

130   —Dejé la puerta trasera abierta por descuido. Botas se
139 escabulló y se escapó corriendo. Y no lo he visto desde
150 ese entonces.

152   —No te preocupes —dije—. Tenemos un plan para
161 ayudarte. Ven con nosotros.

Nombre _____

165   Todos fuimos a la casa de la señora López.

174   —Creo que es una idea maravillosa. Son muy
182 bondadosos en ayudar a Samanta a encontrar a Botas.
191 Me complacerá ayudarlos con la búsqueda —dijo
198 después de oír nuestro plan. Entonces se unió al grupo.

208   En cada casa de la cuadra que visitábamos, la
217 respuesta era la misma. Todos los vecinos nos
225 ayudarían gustosamente a buscar a Botas. Papá dividió
233 a los vecinos en grupos y les indicó dónde buscar.

243   Cora y yo llamábamos en voz alta "¡Botas!". De
252 repente oímos un suave maullido cerca de nuestros
260 pies. Allí estaba Botas, agazapado debajo de un
268 arbusto. Extendí la mano y lo llamé en voz baja. Vino
279 lentamente hacia mí y lo alcé en brazos.

287   Cuando le devolvimos a Botas a Samanta, ella estaba
296 muy agradecida. Le dio un abrazo cariñoso a su gatito.

306   —El plan de búsqueda del barrio funcionó. ¡Gracias a
315 todos! —dijo.

Nombre _____

A. Vuelve a leer el texto y responde las preguntas.

1. ¿Cómo se siente Cora al saber del gatito perdido?

_____

_____

2. ¿Qué pistas te ayudan a comprender el punto de vista de Cora?

_____

_____

3. Al final de la historia, ¿qué pistas te ayudan a comprender el punto de vista de Samanta?

_____

_____

B. Trabajen con un compañero o una compañera. Lean el texto en voz alta. Presten atención a la entonación. Deténganse después de un minuto. Completen la tabla.

	Palabras leídas	–	Cantidad de errores	=	Puntaje: palabras correctas
Primera lectura		–		=	
Segunda lectura		–		=	

Nombre _____

Voluntarios para enseñar a leer

Mi nombre es Darío. Estoy en segundo grado. Los niños de segundo grado sabemos leer. Todos los viernes, visitamos la clase de primer grado de la Srta. Nieves. Yo formo pareja con Javier y lo ayudo a practicar la lectura. Me siento bien ayudando a los demás.

Responde las preguntas sobre la selección.

1. ¿Cómo sabes que este texto es una ficción realista?

   _____

   _____

2. ¿Quién está contando la historia? ¿Cómo lo sabes?

   _____

   _____

3. ¿Cómo se siente Darío al ayudar a Javier a aprender a leer? ¿Por qué?

   _____

   _____

Nombre _____

> Para conocer el significado de una nueva palabra, busca un **sufijo** o la parte de una palabra que se agrega al final de la palabra.
>
> Los sufijos –*oso* y –*osa* significan "que tiene mucha cantidad de algo".
>
> Los sufijos –*ito* e -*ita* significan "pequeño".
>
> El sufijo –*mente* significa "de determinada manera".

A. Subraya el sufijo de la palabra en negrilla. Luego, escribe la palabra y su significado.

1. —Me siento mal porque no hay nada que podamos hacer — Cora dijo **tristemente**.

_____

2. El cartel tenía una foto de un **gatito**

_____

3. Creo que es una idea maravillosa. Son muy **bondadosos** en ayudar a Samanta a encontrar a Botas.

_____

B. Escribe una palabra que signifique lo mismo que estas frases. La palabra nueva deberá terminar con los sufijos –*mente* u –*oso*.

4. de manera lenta   5.   que tiene mucho cariño

_____   _____

Nombre _____

A. Lee el borrador. Usa las preguntas como ayuda para agregar detalles descriptivos.

Borrador

Nuestra clase ayudó a mejorar el parque. Plantamos muchas cosas. Usamos una pala para cavar pozos para los árboles. Otros niños también ayudaron. El parque quedó hermoso al final del día.

---

1. ¿Qué tipo de clase está ayudando a mejorar el parque?

2. ¿Cómo es el parque?

3. ¿Qué detalles podrían describir los tipos de cosas que la clase plantó? ¿Qué detalles podrían indicar cómo quedó el parque al final del día?

B. Ahora revisa el borrador y agrega detalles descriptivos que ayuden a los lectores a conocer más a los personajes, el ambiente y los sucesos.

_____

_____

_____

_____

Nombre _____

La niña que escribió el texto de abajo usó evidencias de dos fuentes distintas para seguir la instrucción: Escribe un texto de opinión sobre qué hacen los buenos ciudadanos.

Los buenos ciudadanos ayudan a mejorar la vida de otras personas y de la comunidad en general. Hay muchas cosas que puede hacer un buen ciudadano. Por ejemplo, pueden ver qué necesidades tienen otras personas y ayudarlas donando libros, enseñándoles un idioma o colaborando para que los niños discapacitados puedan aprender deportes y se integren a la comunidad.

Tú, yo, todos nosotros, juntos o por separado, podemos colaborar con los demás y convertirnos en buenos ciudadanos.

Por eso creo que es importante que tomemos a los buenos ciudadanos como modelo para que entre todos ayudemos a la comunidad.

Vuelve a leer el texto. Sigue las instrucciones.

1. **Encierra en un círculo** la oración temática en la cual Jordan dice claramente su opinión.

2. **Encierra en un cuadro** los detalles descriptivos que usa Jordan para apoyar su opinión.

3. **Subraya** la oración que escribió Jordan para que su texto tenga un buen final.

4. Escribe al menos dos pronombres personales que haya incluido Jordan en su texto.

Nombre _____

compañía	cooperar	decidir	dichoso
interactuar	moldear	molesto	sentirse

Elige la palabra de vocabulario que corresponda para completar cada oración. Luego, escríbela sobre la línea.

1. Los miembros del club de libros hablan e _____ entre sí cuando se reúnen.

2. Los bomberos trabajan juntos, o _____, para apagar el fuego.

3. Mis abuelos se sienten _____ cuando están juntos.

4. El vendaje tan ajustado me hace sentir _____.

5. Mi perro Sam me hace _____ cuando duermo.

6. Camila _____ ponerse el vestido rojo para la fiesta de Navidad.

7. Mi pastel de cumpleaños tiene forma de corazón. Mamá lo _____.

8. _____ alegre es bueno para la salud.

Nombre _____

Lee el texto. Completa el organizador gráfico de punto de vista.

Personaje	Pista	Punto de vista

Nombre _____

Lee el texto. Usa la estrategia de resumir para contar los sucesos importantes con tus propias palabras.

La obra de teatro de la clase

	La clase del señor Pérez iba a representar una obra de
11	teatro para la escuela. Eligieron interpretar "La princesa
19	y el leñador".
22	—Hay seis actores en esta obra —dijo el señor Pérez —.
33	Necesitaremos voluntarios para que pinten los decorados
40	y ayuden con las luces y la música. Todos tendrán algo
51	para hacer.
53	Al día siguiente, leyeron la obra de teatro.
61	—Yo interpretaré el papel de la princesa. Ese es el más
72	importante y el que lleva vestido más lindo —dijo Luz.
82	—No. Yo quiero interpretar ese papel —dijo Julieta.
90	—Creo que yo interpretaré mejor a la princesa —
98	intervino Sandra.
100	Ninguna quería dar el brazo a torcer. Antes de que la
111	charla se fuera de las manos, el señor Pérez tomó cartas en
123	el asunto y dijo:
127	—Debemos ser justos. Ensayaremos y yo lo decidiré.
135	Les explicó que al día siguiente les mostraría los
144	vestidos y que quienes desearan actuar deberían ensayar
152	los papeles. Luego, él decidiría.
157	En el armario estaba guardado el vestuario de la obra.
167	Cuando todos se retiraron, se escuchó un gran alboroto
176	adentro. Se oían voces. Parecía que alguien hablaba
184	hasta por los codos.

Nombre _____

188   —No podemos quedarnos de brazos cruzados o los niños
197   no querrán representar los otros papeles —dijo una voz.

206   —Debemos vernos relucientes —contestó un vozarrón—.
212   Vamos, ¡manos a la obra!

217   ¡Qué barullo! Una voz decía: "alcánzame el botón", y
226   otras: "cuidado, cose ese desgarrón", "sacude el polvo aquí",
235   "esto debe brillar", "el velo va hacia atrás".

243   El bullicio duró varias horas. Pero al amanecer se hizo un
254   gran silencio. No se oía ni el vuelo de una mosca.

265   Al día siguiente, el señor Pérez abrió el armario para mostrar
276   el vestuario y se sorprendió.

281   —Creí que tendríamos que arreglar estos vestidos —les
289   dijo a los niños—. Pero miren, ¡están perfectos!

298   La clase los contempló con entusiasmo. Todos habían
306   ensayado los papeles que querían representar. El maestro
314   los escuchó con atención y decidió que Luz interpretaría a la
325   princesa. Repartió los otros papeles entre los demás niños.

334   El día de la representación llovió a cántaros, pero el salón
345   estaba lleno de gente. Todos alabaron el trabajo de los niños
355   y se fijaron especialmente en el vestuario. Cada traje parecía
365   brillar. Lo que nadie sabía era que así los trajes se felicitaban
377   unos a otros por el buen resultado obtenido.

Nombre _____

A. Vuelve a leer el texto y responde las preguntas.

1. ¿Cuál es el punto de vista de Luz sobre quién debería interpretar el papel de la princesa?

_____

_____

2. ¿Cuál es el punto de vista de Sandra sobre quién debería interpretar el papel de la princesa?

_____

_____

3. ¿Cuál es el punto de vista del Sr. Pérez sobre quién debería interpretar el papel de la princesa?

_____

_____

B. Trabajen con un compañero o una compañera. Lean el texto en voz alta. Presten atención a la expresividad. Deténganse después de un minuto. Completen la tabla.

	Palabras leídas	–	Cantidad de errores	=	Puntaje: palabras correctas
Primera lectura		–		=	
Segunda lectura		–		=	

Nombre _____

La mascota de la clase

Marta fue la última en salir. Pompón, la mascota de la clase, la llamó.

—¡Chist, chist! Marta —le dijo.

Marta lo miró sorprendida y se acercó a él.

—¿Qué sucede, amiguito? –contestó Marta—. ¿Necesitas algo?

—¿Podrías darme un gran abrazo? —pidió el conejito tímidamente—. Realmente lo necesito.

Marta lo abrazó y entendió que los animalitos también necesitan cariño.

Responde las preguntas sobre la selección.

1. ¿Cómo sabes que este texto es fantasía?

_____

2. ¿Qué elemento visual incluye este texto? ¿Qué es lo que muestra?

_____

3. ¿Qué enseñanza deja el texto?

_____

Nombre _____

> Un **modismo** es una frase que tiene un significado
> diferente del significado de cada palabra que la compone.

Lee las oraciones. Observa el modismo en negrilla.
Escribe sobre la línea su significado.

1. Ninguna quería **dar el brazo a torcer**.

_____

2. Antes de que la charla **se fuera de las manos**, el Sr. Pérez
   tomó cartas en el asunto y dijo:

_____

3. Parecía que alguien **hablaba hasta por los codos**.

_____

4. **No se oía ni el vuelo de una mosca**.

_____

5. El día de la representación **llovió a cántaros**, pero el salón
   estaba lleno de gente.

_____

Nombre _____

A. Lee el borrador. Usa las preguntas como ayuda para escribir oraciones de distintas longitudes.

Borrador

Juan tenía que realizar un proyecto. Era para Ciencias. Él y sus amigos trabajaron juntos. Por eso les llevó poco tiempo. Construyeron un cohete espacial de juguete. Terminaron enseguida.

---

1. ¿Qué oraciones podrías alargar?

2. ¿Qué oraciones podrías combinar?

3. ¿Cómo harías para que las oraciones sean más fluidas?

B. Ahora revisa el borrador y escribe oraciones de distintas longitudes.

_____

_____

_____

_____

_____

_____

Nombre_____

La niña que escribió el texto de abajo usó evidencias de dos fuentes distintas para seguir la instrucción: Escribe un texto de opinión sobre qué hace la gente para llevarse bien.

Lo más importante que hace la gente para llevarse bien, es respetar a los demás, ayudarlos a resolver problemas, comprender qué cosas necesitan y qué cosas los lastiman. Es importante que todos hagamos cosas para llevarnos bien. Si todos nos llevamos bien, seremos más felices, viviremos más tranquilos, podremos ayudar y recibir ayuda en momentos difíciles.

Todos vivimos en sociedad. Y debemos recordar siempre que una buena convivencia ayuda a la paz, la felicidad y el entendimiento. Yo sé que tengo mucho por aprender todavía, pero me esfuerzo por llevarme cada día un poco mejor con los demás. ¿Tú también?

Vuelve a leer el texto. Sigue las instrucciones.

1. **Encierra en un círculo** la oración temática en la cual Rachel dice claramente su opinión.

2. **Encierra en un cuadro** las razones que usa Rachel para apoyar su opinión.

3. **Subraya** dos oraciones de diferente longitud.

4. Escribe una oración en la que Rachel haya usado correctamente el pronombre personal *yo*.

_____

Nombre _____

acordar	barrera	estudiar	héroe
honor	intenso	recuerdo	vencido

Elige la palabra de vocabulario que corresponda a cada espacio en blanco. Luego, escribe la palabra sobre la línea.

1. Pintamos las paredes de la escuela de verde _____.

2. Mi papá me contó hermosos _____ de su infancia.

3. La directora de mi escuela _____ reunir fondos para reparar los salones.

4. Debes _____ ortografía antes de rendir el examen.

5. Los _____ salvaron a muchas personas.

6. La _____ se levantó para que el tren pudiera pasar.

7. Tuve el _____ de ser el abanderado de segundo grado.

8. El equipo _____ tendrá otra oportunidad.

Nombre _____

Lee el texto. Completa el organizador gráfico de secuencia.

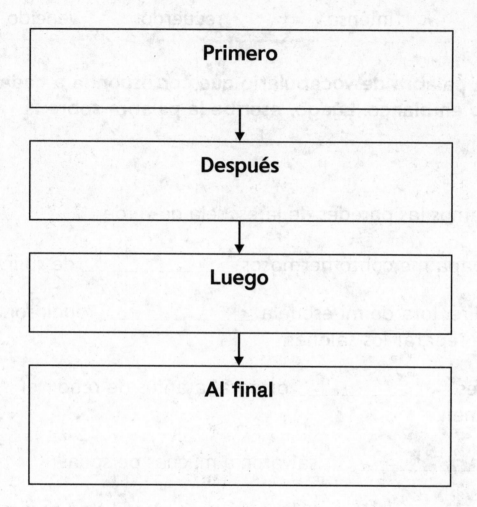

Nombre _____

Lee el texto. Usa la estrategia de resumir para contar los sucesos importantes con tus propias palabras.

Gabriela Mistral

Gabriela Mistral fue una poeta que nació en 1889
9   en Vicuña, una localidad pequeña del centro norte de
18   Chile. Su nombre real fue Lucila Godoy Alcayaga, pero
27   eligió este seudónimo en honor a sus poetas favoritos:
36   Gabriel D'Annunzio y Fréderic Mistral.

41   En 1904 fue nombrada profesora ayudante de la
49   Escuela de La Compañía Baja y comenzó a escribir para
59   el diario *El Coquimbo*, de La Serena. Poco tiempo después,
69   escribía de manera continua en este diario y también
78   en *La Voz de Elqui*, de Vicuña. En 1910 obtuvo el título
90   oficial de profesora primaria. En 1914 ganó un concurso
99   llamado los Juegos Florales por sus *Sonetos de la muerte*.
109 En 1922 fue publicada su primera obra y desde entonces
119 viajó por muchos países de América y Europa.

Nombre _____

127   En 1945, el Rey Gustavo I de Suecia le entregó el
138   Premio Nobel de Literatura debido a la calidad y la
148   belleza de sus obras literarias. Pero el premio también
157   fue un reconocimiento por su labor social, dado que
166   dedicó su vida a promover la cultura y a luchar por la
177   justicia social y los derechos humanos. De esta manera,
186   se convirtió en el primer autor latinoamericano y en la
195   primera mujer en ser premiada con el Nobel.

203   Tiempo después enfermó gravemente, por lo que debió
211   mantener reposo en su casa en Nueva York. Falleció
220   debido a un cáncer, el 10 de enero de 1957, a los 67 años
234   de edad.

Nombre _____

A. Vuelve a leer el texto y responde las preguntas.

1. ¿En dónde y en qué año nació Gabriela Mistral?

_____

_____

2. ¿Quiénes fueron Gabriel D'Annunzio y Fréderic Mistral?

_____

_____

3. ¿Por qué motivo debió hacer reposo en su casa de Nueva York?

_____

_____

B. Trabajen con un compañero o una compañera. Lean el texto en voz alta. Presten atención al fraseo. Deténganse después de un minuto. Completen la tabla.

	Palabras leídas	–	Cantidad de errores	=	Puntaje: palabras correctas
Primera lectura		–		=	
Segunda lectura		–		=	

Nombre _____

Jesse Owens

Cuando estaba en la escuela secundaria, Jesse Owens se sumó al equipo de atletismo. Rompió **récords** en las carreras. Más tarde, cuando tenía 22 años, Jesse ganó carreras en las **Olimpíadas**. Demostró que todos pueden hacer cosas maravillosas.

| 1913 | 1928 | 1936 | 1976 |
| Jesse Owens nace | Su carrera atlética comienza durante la escuela secundaria | Gana 4 medallas de oro en las Olimpíadas | Gana la Medalla de la Libertad de Estados Unidos |

Responde las preguntas sobre la selección.

1. ¿Cómo sabes que esta es una biografía?

_____

_____

2. ¿Por qué las palabras **récords** y **Olimpíadas** están en negrillas?

_____

3. ¿Qué información brinda la línea cronológica?

_____

4. ¿Qué le sucedió a Jesse Owens en 1936?

_____

Nombre _____

> Los **sinónimos** son palabras que tienen casi el mismo significado.

Busca en el texto los sinónimos para las siguientes palabras y escríbelos debajo. Luego, encierra en un círculo la oración en la que la palabra se usa correctamente.

1. Chica.
La casa era muy chica. / La perra grande era muy chica.

_____

2. Periódico.
Levantó el periódico con la grúa. / Leo el periódico cada tarde.

_____

3. Hermosura.
Este paisaje es una hermosura. / Juan y Pablo juegan a una hermosura.

_____

4. Murió.
El libró murió un tiempo después. / El actor murió a los 86 años.

_____

Nombre _____

A. Lee el borrador. Usa las preguntas como ayuda para pensar en la secuencia correcta de los sucesos.

> ### Borrador
>
> Darío creció en la ciudad. De más grande, comenzó a ayudar en la biblioteca. Hoy ayuda a los estudiantes a leer. Cuando era niño, a él le gustaba mucho leer.

1. ¿Qué sucedió primero en la vida de Darío?

2. ¿Qué sucedió después?

3. ¿Qué hace Darío hoy?

B. Ahora revisa el borrador e incluye los sucesos en la secuencia correcta en la que sucedieron en la vida de Darío.

_____

_____

_____

_____

_____

_____

Nombre _____

El niño que escribió el texto de abajo usó evidencias de dos fuentes distintas para seguir la instrucción: Escribe un texto informativo sobre por qué algunas personas inspiran a los demás.

Algunas personas inspiran a los demás porque dan un ejemplo de amor, valentía, fortaleza o solidaridad. Estos ejemplos nos ayudan a ser mejores personas, por eso decimos que nos inspiran. Celia Cruz siguió cantando a pesar de que estaba viviendo en un país que no era el suyo, y siempre se preocupó por transmitir alegría a su pueblo.

Katari mostró su heroísmo con varias acciones. Primero, comenzó a apilar rocas para detener el hielo. Luego, avisó a los adultos. Finalmente, comenzó a construir un muro antes de que los adultos llegaran al lugar.

Si te sientes inspirado por Celia y Katari y sigues su ejemplo, un día inspirarás a otros para que sigan el tuyo.

Vuelve a leer el texto. Sigue las instrucciones.

1. **Encierra en un círculo** la oración temática en la cual Ahmed presenta el tema.

2. **Encierra en un cuadro** la oración temática en la cual Ahmed presenta el tema.

3. **Subraya** las palabras que indican secuencia.

4. Escribe al menos un pronombre posesivo que Ahmed haya usado en su texto.

Nombre _____

| boquiabierto | curioso | deshacerse | enorme |
| preservar | provisión | suavemente | tamaño |

Lee la historia. Elige las palabras de vocabulario para completar las oraciones. Luego, escribe las respuestas sobre las líneas.

Pablo se sentía _____ por saber sobre el carbón. Hizo un viaje largo hasta la biblioteca. Allí encontró un libro _____. Era acerca de los recursos minerales. Como el libro había sido leído muchas veces, estaba viejo. Pablo tenía miedo de que las páginas se desprendieran. El libro podría _____. Para evitarlo, Pablo pasaba las páginas _____.

Quedó _____ al descubrir que hay una _____ de carbón de gran _____ debajo de la tierra. "Tenemos que _____", pensó.

Nombre _____

Lee el texto. Completa el organizador gráfico de problema y solución.

Problema

Pasos para la solución

Solución

Nombre _____

Lee el texto. Usa la estrategia de hacer predicciones para contar lo que piensas que sucederá luego.

El concurso de reciclado

La señora Hines era la directora de la Escuela Grover.

10 Todos los días, observaba que los estudiantes botaban

18 a la basura hojas y hojas de papel. Los reunió para

29 hablarles sobre el reciclado.

33 La señora Hines les explicó porqué el reciclado era

42 importante. Terminó su discurso de esta manera:

49 "Ayudemos a salvar la Tierra. Si todos ponemos nuestro

58 granito de arena, cambiaremos las cosas".

64 Los estudiantes aplaudieron con entusiasmo y

70 regresaron a sus salones de clase. La señora Hines los

80 observó durante los días siguientes. ¡No estaban

87 reciclando! La señora Hines tuvo una idea. Intentaría

95 llevar a cabo otro plan.

100 —La Escuela Grover realizará un concurso —anunció

107 a los estudiantes—. La clase que recicle la mayor

117 cantidad de papel durante una semana ganará un

125 premio. El concurso comenzará mañana.

130 —Nuestra clase puede ganar —dijo Pedro. Él estaba

138 en segundo grado.

141 —Intentemos hacer lo mejor que podamos —dijo su

149 maestra, la señora Park.

Nombre _____

153   La señora Hines le dio a cada clase un cubo para

164 reciclar. Hizo una gran tabla en la pared. Cada

173 vez que una clase llenaba el cubo con papel, debía

183 vaciarlo dentro de un contenedor gigante. La señora Hines

192 realizaba el seguimiento del papel en la tabla.

200   Pedro les recordaba a todos sus compañeros de clase

209 que debían reciclar.

212   —Pon ese papel en el cubo especial —les decía si los

223 veía botar papeles. Nunca se olvidaba de reciclar.

231   Al finalizar la semana, la señora Hines los reunió otra

241 vez. Les mostró la tabla de reciclado. ¡La clase de Pedro

252 había ganado el concurso!

256   —Este es su premio —dijo—. Tendrán diez minutos

265 más de recreo durante una semana. ¡Pueden disfrutar la

274 Tierra que están ayudando a salvar!

Nombre _____

A. Vuelve a leer el texto y responde las preguntas.

1. ¿Cuál es el problema en el texto?

_____

_____

2. ¿Cuál es una de las medidas que toma la Sra. Hines para solucionar el problema?

_____

_____

3. ¿Cuál es la solución del problema?

_____

_____

B. Trabajen con un compañero o una compañera. Lean el texto en voz alta. Presten atención a la entonación. Deténganse después de un minuto. Completen la tabla.

	Palabras leídas	–	Cantidad de errores	=	Puntaje: palabras correctas
Primera lectura		–		=	
Segunda lectura		–		=	

Nombre _____

¡Andemos en bicicleta!

—Vayamos al parque en auto —dijo la mamá.

—Conducir autos puede dañar la Tierra. Entonces, vayamos en bicicleta —dijo Julieta.

A la mamá le gustó el plan de Julieta para proteger la Tierra.

Responde las preguntas sobre la selección.

1. ¿Cómo sabes que este texto es una ficción?

_____

_____

2. ¿Cuál es el diálogo de la mamá en la historia?

_____

_____

3. ¿Cuál es el problema?

_____

4. ¿Cuál es la solución?

_____

Nombre _____

> Los **homófonos** son palabras que suenan igual, pero tienen diferentes ortografías y significados distintos.

Lee las oraciones. Elige la definición que corresponda al homófono en negrilla. Escríbela sobre la línea.

1. **Hizo** una gran tabla en la pared.

   realizó algo   subo algo tirando de una cuerda

   _____

2. La Sra. Hines **tuvo** una idea.

   pasado del verbo *tener*   pieza hueca y cilíndrica

   _____

3. Cada **vez** que una clase llenaba el cubo con papel, debía vaciarlo dentro de un contenedor gigante.

   ocasión o tiempo   percibes por los ojos

   _____

4. —Pon ese papel en el cubo especial —les decía si los veía **botar** papeles.

   tirar a la basura   participar en una votación

   _____

Nombre _____

A. Lee el borrador. Usa las preguntas como ayuda para agregar palabras de enlace para conectar las ideas.

Borrador

Mi familia y yo fuimos al parque para disfrutar de un día al aire libre. Nos sentamos en un lugar. No estábamos contentos. Habían dejado mucha basura allí. Nos mudamos a otro lugar. Estábamos contentos.

---

1. ¿Por qué la familia se mudó de un lugar a otro?

2. ¿Por qué la familia está contenta en el nuevo lugar al que se mudaron?

3. ¿Qué palabras puedes usar para mostrar que las ideas están bien conectadas?

B. Ahora revisa el borrador y agrega palabras que conecten las ideas y que ayuden a los lectores a comprender por qué suceden las cosas.

_____

_____

_____

_____

_____

Nombre_____

La niña que escribió el texto de abajo usó evidencias de dos fuentes distintas para seguir la instrucción: *Agrega una escena a* **El regalo del leñador** *donde la comunidad decida si reparar el centro comunitario o construir uno nuevo.*

—Este centro comunitario se cae a pedazos —dijo el pintor de casas—. Derrumbémoslo y construyamos un centro nuevo y hermoso para nuestra comunidad.

—¡Esperen! —dijo Marta, una niñita que jugaba con sus amigos en el zoológico en el centro cerca de donde hablaban los hombres—. Tomás nos recordó que la belleza del mezquite no está en su exterior sino en su interior.

—Así es —dijo su amigo Julio —. Debemos reutilizar las cosas que tenemos y de ese modo proteger los recursos para el futuro.

—Podemos usar el granito del edificio viejo para construir mesadas nuevas —agregó el pastelero.

—¡Comencemos de inmediato! — dijeron todos juntos.

Vuelve a leer el texto. Sigue las instrucciones.

1. **Encierra en un círculo** un detalle de *El regalo del leñador* que muestra dónde sucede la escena.

2. **Encierra en un cuadro** dos conectores.

3. **Subraya** la evidencia del texto que explica para qué puede usarse el granito.

4. Escribe una contracción que utilizó la niña en el texto.

_____.

Nombre _____

autor	ciudadano	finalmente	historia
redactar	regla	símbolo	unido

Lee la historia. Elige las palabras de vocabulario para completar las oraciones. Luego, escribe las respuestas sobre las líneas.

A través de la _____, el pueblo del Sr. Finch

nunca había tenido una biblioteca. Él quería que todos

pudieran leer libros de grandes _____. El Sr. Finch

pensó: "Necesitamos una biblioteca pública que todos los

_____ puedan usar y que sea el _____

de este pueblo".

El Sr. Finch siguió las estrictas _____ del

pueblo. Se tomó su tiempo para formar un grupo. Las

personas del grupo estaban _____ en la causa y

_____ un documento en el que solicitaban una

autorización para la creación de la biblioteca. Después

de mucho trabajo, el Sr. Finch y su grupo _____

lograron que se construyera una biblioteca en el pueblo.

Nombre _____

Lee el texto. Completa el organizador gráfico de causa y efecto.

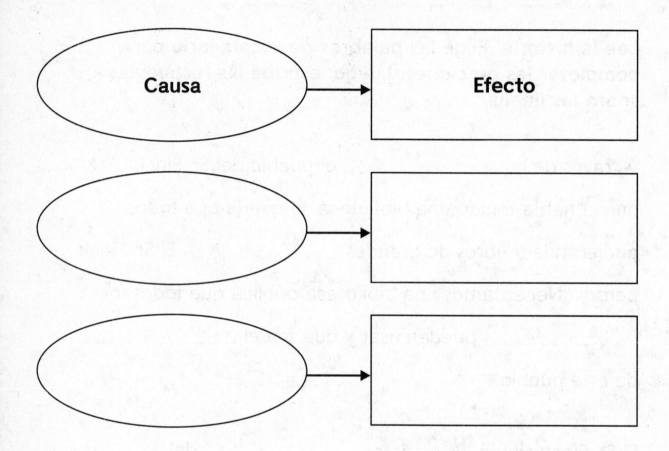

Nombre _____

Lee el texto. Usa la estrategia de hacer predicciones para imaginar de qué podría tratarse el texto.

Las reglas de los deportes

Las reglas son importantes en los deportes. Indican a

9 los jugadores cómo jugar. Indican cómo anotar puntos.

17 Indican cómo se gana un partido. También indican a

26 los jugadores lo que pueden y lo que no pueden hacer.

37 Todos los jugadores deben cumplir las mismas reglas. A

46 veces, un jugador rompe una regla. Entonces, quizás, no

55 se le permita jugar durante todo el partido o parte de él.

67 **Las reglas del baloncesto**

71 ¿Has jugado alguna vez al baloncesto? Si no, el

80 nombre "baloncesto" te da una pista sobre algunas de

89 las reglas. El baloncesto se juega con una pelota en una

100 cancha de baloncesto. Los jugadores anotan puntos al

108 lanzar el balón e introducirlo en un cesto, o un aro.

119 Hay reglas sobre cómo mover la pelota en baloncesto.

128 Los jugadores deben regatear o hacer picar la pelota.

137 También pueden pasar o lanzar la pelota a otro jugador.

147 No pueden retener la pelota y correr con ella. Esto

157 impediría que otros jugadores tengan la oportunidad

164 de obtenerla.

Nombre _____

Deporte	Cantidad de jugadores	Movimiento de la pelota	Puntuación
béisbol	9	lanzar y golpear la pelota con un bate	llegar al cuadrangular para anotar una carrera
baloncesto	5	regatear y pasar	introducir la pelota en el cesto para anotar puntos

166 **Las reglas del béisbol**

170   Las reglas del béisbol son diferentes de las reglas
179 del baloncesto. El lanzador de un equipo lanza una
188 pelota al bateador del otro equipo. El bateador tiene
197 tres oportunidades para dar a la pelota con un bate.

207   A veces, el bateador falla al batear. A esto se lo llama
219 "*strike*". Después de tres *strikes*, el bateador queda
227 eliminado. Entonces, es el turno de otro bateador.

235   Tras batear la pelota, el bateador corre por el campo
245 buscando alcanzar cuatro bases. La última base es el
254 cuadrangular. El bateador debe cruzar el cuadrangular
261 para anotar una carrera. El otro equipo intenta eliminar
270 al bateador. Pueden tocarlo con la pelota fuera de la
280 base. Si esto sucede, el bateador no puede anotar una
290 carrera.

291   Sin las reglas, los deportes serían poco claros. Nadie
300 sabría la manera de jugar un partido. ¡Las reglas hacen
310 que los jugadores jueguen limpio!

Nombre _____

A. Lee el texto y responde las preguntas.

1. ¿Por qué las reglas son importantes en los deportes?

_____

_____

2. ¿Qué sucede cuando un jugador de baloncesto introduce la pelota en el aro?

_____

_____

3. ¿Qué sucede cuando un bateador obtiene tres *strikes* en béisbol?

_____

_____

B. Trabajen con un compañero o una compañera. Lean el texto en voz alta. Presten atención a la pronunciación. Deténganse después de un minuto. Completen la tabla.

	Palabras leídas	–	Cantidad de errores	=	Puntaje: palabras correctas
Primera lectura		–		=	
Segunda lectura		–		=	

Nombre _____

Reglas de seguridad

Estas son algunas maneras de mantenerte seguro mientras te diviertes. Cuando andes en bicicleta, usa un casco. Usa un casco y rodilleras cuando andes en monopatín. Si viajas en auto, siempre usa el cinturón de seguridad.

Actividad	Equipamiento de seguridad
andar en bicicleta	
andar en monopatín	
andar en bote	
andar en auto	

Responde las preguntas sobre la selección.

1. ¿Cómo sabes que este es un texto expositivo?

_____

2. ¿Qué información aprendes de la tabla?

_____

3. ¿Qué deberías usar cuando vas a pasear en bote?

_____

Nombre _____

> Las **palabras con significados múltiples** tienen más de un significado. Usa otras palabras en la oración para saber qué significado se está usando.

Lee las oraciones. Elige el significado correcto de la palabra en negrilla. Escríbelo sobre la línea.

1. Las **reglas** son importantes en los deportes.

   lo que indica cómo   instrumento recto
   comportarse   para trazar líneas

   _____

2. Indican cómo **anotar** puntos.

   tomar nota de un dato   marcar tantos

   _____

3. Los jugadores anotan **puntos** al lanzar la pelota e introducirla en un cesto.

   signos ortográficos que indican   tantos en un juego
   el fin de las oraciones

   _____

4. A veces, un jugador **rompe** una regla.

   hace pedazos una cosa   no cumple una norma

   _____

5. ¡Las reglas hacen que los jugadores jueguen **limpio**!

   con honestidad y legalidad   que no tiene suciedad

   _____

Nombre _____

A. Lee el borrador. Usa las preguntas como ayuda para pensar cómo hacer el texto más informal.

Borrador

Nosotros tenemos una escuela maravillosa porque todos seguimos las reglas. Estas son algunas de las reglas. Caminar por los pasillos. No correr. Respetar a los maestros y a los estudiantes. Disfrutar del aprendizaje diario.

---

1. ¿Dónde podrías usar palabras más informales?

2. ¿Dónde podrías agregar exclamaciones?

3. ¿Qué oraciones podrías cambiar para que el texto suene más parecido a una conversación natural?

B. Ahora revisa el borrador y usa una voz más informal, que suene más parecida a una conversación natural.

_____

_____

_____

_____

_____

Nombre _____

El niño que escribió el texto de abajo usó evidencias de dos fuentes distintas para responder la pregunta: *¿Qué cosas importantes muestran los símbolos de nuestro país?* **Usa un tono formal y evidencia de ambos textos.**

Los símbolos de nuestro país muestran lo que la libertad es muy importante para los estadounidenses. En la selección "El establecimiento de las reglas", dice que la Constitución "le brinda derechos, o privilegios, a todas las personas". Explica que los ciudadanos tienen derecho de expresar sus ideas. En la página 483, leí que ellos son libres de cambiar la Constitución.

En la página 485 de "Los símbolos nacionales", leí que la Estatua de la Libertad es un "símbolo de libertad y esperanza". En "El establecimiento de las reglas", dice que se agregan leyes a la Constitución para mejorar la vida de las personas. La libertad de vivir de la forma que preferimos es muy importante. En "Descubre el pasado", leí que la Campana de la Libertad sonó cuando se leyó la Declaración de Independencia por primera vez. Se la puede visitar en Filadelfia. Estos símbolos representan los valores de nuestro país.

Vuelve a leer el texto. Sigue las instrucciones.

1. Encierra en un círculo una palabra que usó el niño para mostrar un tono formal.

2. Encierra en un cuadro un detalle de "Los símbolos nacionales".

3. Subraya la conclusión.

4. Escribe un ejemplo de concordancia entre pronombre y verbo.

Nombre _____

brillar	cultivo	convertirse	desarrollar
dorado	etapa	sinuoso	susurrar

Lee la historia. Elige las palabras de vocabulario para completar las oraciones. Luego, escribe las respuestas sobre las líneas.

El agricultor había intentado sembrar distintos

_____, pero no tenía éxito. "Debo _____

semillas nuevas", pensó. Entonces, hizo lo siguiente.

Plantó distintas clases de semillas y registró las diferentes

_____ de su crecimiento.

Luego, eligió las mejores semillas y las plantó en sus campos.

Pronto estas se _____ en brotes verdes. Después

de varias semanas, vio crecer trigo _____. Crecía

rápido y _____ a la luz del sol.

El viento lo hacía _____. El agricultor recorrió

el borde _____ de sus campos, orgulloso de lo que

había hecho.

Nombre _____

Lee el texto. Completa el organizador gráfico de tema.

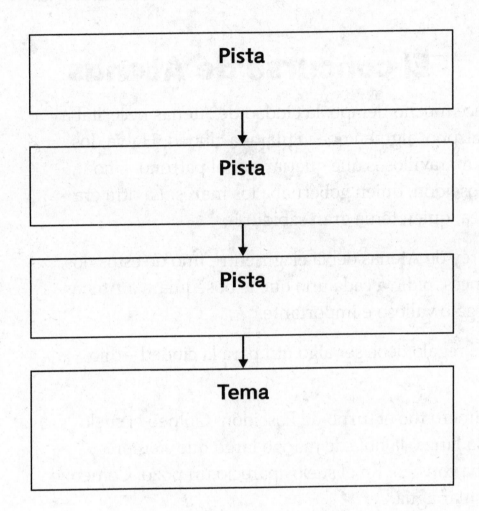

| Pista |
| Pista |
| Pista |
| Tema |

Nombre _____

Lee el texto. Usa la estrategia de volver a leer para verificar la comprensión de los sucesos de la historia.

El concurso de Atenas

Hace mucho tiempo, la ciudad de Atenas necesitaba
8   un patrono, alguien que vigilara la ciudad. Había dos
17 seres maravillosos que querían ser el patrono. Uno
25 era Poseidón, quien gobernaba los mares. La otra era
34 Atenea, quien tenía gran sabiduría.

39 El rey de Atenas debía elegir entre uno de estos dos.
50 Entonces, pidió a cada uno que le obsequiara a Atenas
60 un regalo valioso e importante.

65 —El regalo debe ser algo útil para la ciudad —dijo
75 el rey.

77 Primero fue el turno de Poseidón. Golpeó el suelo
86 con su lanza, la hoja de mango largo que siempre
96 llevaba consigo. En el suelo apareció un pozo. Comenzó
105 a circular agua.

108 El rey fue al pozo rápidamente para probar el agua.
118 Descubrió que el agua era salada como el mar.

127 —Esto no se considerará un regalo para Atenas —
135 afirmó.

Nombre _____

136   Después, llegó el turno de Atenea. Ella también
144 alcanzó el suelo con su lanza. En ese lugar, enterró en
155 el suelo una rama de olivo para que creciera un árbol.
166 El olivo les daría a los habitantes de Atenas alimento,
176 aceite y madera.

179   El rey estaba muy contento por el magnífico regalo
188 de Atenea.

190   —Por habernos dado este olivo, te nombraré patrona
198 de Atenas —declaró.

201   Atenea estaba contenta, pero Poseidón estaba abatido
208 por haber perdido el concurso. Entonces, inundó el
216 terreno con agua de mar. Cuando se tranquilizó, lo vació.

Nombre _____

A. Vuelve a leer el texto y responde las preguntas.

1. ¿Cuál fue el regalo de Poseidón a Atenas? ¿Qué sintió el rey al respecto?

_____

_____

2. ¿Cuál fue el regalo de Atenea a Atenas? ¿Qué sintió el rey al respecto?

_____

_____

3. ¿Cuál es el tema del texto?

_____

_____

B. Trabajen con un compañero o una compañera. Lean el texto en voz alta. Presten atención a la expresividad. Deténganse después de un minuto. Completen la tabla.

	Palabras leídas	–	Cantidad de errores	=	Puntaje: palabras correctas
Primera lectura		–		=	
Segunda lectura		–		=	

Nombre _____

Clitia y Apolo

Apolo era el rey del sol. Clitia adoraba observarlo mientras él se movía por el cielo. Lo observaba tan a menudo que Clitia se transformó en un girasol. Aún hoy los girasoles giran hacia el sol.

Responde las preguntas sobre la selección.

1. ¿Cómo sabes que este texto es un mito?

_____

_____

2. ¿Quién es Apolo?

_____

3. ¿Por qué Clitia miraba hacia el cielo?

_____

4. ¿Qué explica el mito?

_____

_____

Nombre _____

> Observa este ejemplo de **claves de contexto** en una oración. Las palabras subrayadas ayudan a explicar lo que significa *elegir*.
>
> El rey de Atenas debía **elegir** <u>entre uno de estos dos</u>.

Lee las oraciones. Escribe el significado de la palabra en negrilla. Subraya las claves de contexto en la oración.

1. Hace mucho tiempo, la ciudad de Atenas necesitaba un **patrono**, alguien que vigilara la ciudad.

_____

2. Entonces, le pidió a cada uno que le obsequiara a Atenas un regalo **valioso** e importante.

_____

3. Alcanzó el suelo con su **lanza,** la hoja de mango largo que siempre llevaba consigo.

_____

4. En ese lugar, **enterró** en el suelo una rama de olivo para que creciera un árbol.

_____

5. Atenea estaba contenta, pero Poseidón estaba **abatido** por haber perdido el concurso.

_____

Nombre _____

A. Lee el borrador. Usa las preguntas como ayuda para agregar un principio interesante.

> **Borrador**
>
> Había una vez una flor. Estaba en un bosque. Necesitaba lluvia.

1. ¿Cómo es la flor? ¿Qué siente y cómo actúa?

2. ¿Cómo es el bosque?

3. ¿Qué problema podría tener la flor?

B. Ahora revisa el borrador y escribe un principio interesante que describa el personaje, el ambiente y un problema.

_____

_____

_____

_____

_____

_____

Nombre_____

El niño que escribió el texto de abajo usó evidencias de dos fuentes distintas para seguir la pregunta: *¿Preferirías tener una semilla de la calabaza de* La flor de oro *o de "Una planta de calabaza"?*

> Preferiría tener una semilla de la clase de calabaza que se describe en "Una planta de calabaza". La calabaza de *La flor de oro* brilla como el sol pero no tiene semillas dentro. Está llena de agua y criaturas marinas. Me gustaría tener una calabaza con semillas para poder cultivar más calabazas. Plantaría las semillas en mi jardín. Mi jardín está en un lugar soleado en el patio trasero. Tengo muchas flores en mi jardín pero ninguna flor es amarilla. En otoño, decoraría algunas de las calabazas y las dejaría afuera para que todos las vieran. Luego, tomaría semillas de esas calabazas y también las plantaría en mi jardín. Por estas razones preferiría tener una semilla de la clase de calabaza de "Una planta de calabaza". ¡Nunca me quedaré sin calabazas!

Vuelve a leer el texto. Sigue las instrucciones.

1. **Encierra en un círculo** la oración en la que Andre responde la consigna y muestra su opinión.

2. **Encierra en un cuadro** dos conectores.

3. **Subraya** la evidencia que muestra por qué el jardín del niño sería un buen lugar para una semilla de calabaza.

4. **Escribe** la oración que tiene un adjetivo que describe "cuántos" y otro que describe "qué clase" en el mismo renglón.

Nombre _____

electricidad	energía	extraer	fluir
generador	silencioso	solar	subterráneo

Usa lo que sabes sobre las palabras para elegir la que corresponda a cada oración Luego, escribe la palabra sobre la línea.

1. El aceite de oliva se _____ de las aceitunas.

2. Podemos obtener _____ al comer alimentos saludables.

3. El salón de clase estaba _____ durante el examen.

4. La electricidad viene de un _____ que tenemos en el patio.

5. Los gusanos construyen hogares _____.

6. Un río _____ por el medio de la ciudad.

7. Mi abuelo instaló un panel _____ en el techo de su casa para aprovechar la energía del Sol.

8. No podemos encender una luz si no hay _____.

Nombre _____

Lee el texto. Completa el organizador gráfico de propósito del autor.

Pista

Pista

Propósito del autor

Nombre _____

Lee el texto. Usa la estrategia de volver a leer para verificar la comprensión de la información nueva o difícil.

La energía oceánica

Todos los días usamos energía para realizar tareas.

8   Con la energía podemos encender la luz, calentar

16   nuestros hogares, cocinar la comida y encender una

24   computadora. Gran parte de la energía proviene del

32   carbón, del petróleo y del gas. Otra parte proviene del

42   Sol y del viento. Incluso algún día tal vez podamos

52   obtener energía del océano.

56   Sí, la energía puede provenir del océano. En la

65   actualidad, no hay muchas centrales eléctricas

71   oceánicas. Sin embargo, es una gran fuente de energía.

80   **La energía de las mareas**

85   El océano tiene mareas altas y bajas. Esto significa

94   que el agua sube y baja cada doce horas. Esta energía de

106   las mareas puede usarse para producir electricidad.

113   Cuando la marea alta fluye hacia la costa, el agua

123   se retiene detrás de un dique. El agua se almacena en

134   una gran pileta. Cuando se producen las mareas bajas,

143   el agua que está detrás del dique se libera. El agua que

155   circula velozmente activa una máquina en el interior del

164   dique. Esta máquina produce electricidad.

Nombre _____

169 **La energía de las olas**

174   En el océano, el agua siempre está en movimiento. El
184 movimiento de las olas oceánicas puede hacer funcionar
192 una máquina construida para producir energía. Las
199 olas suben y bajan dentro de la máquina. Hacen girar
209 partes de la máquina. La máquina produce electricidad.

217 **La energía térmica**

220   La temperatura del agua en la superficie del océano
229 es más cálida que en el fondo. Esto sucede porque el Sol
241 calienta el agua de la capa superior. En lo profundo, el
252 agua es muy fría.

256   Esta diferencia de temperatura crea energía térmica.
263 Una central eléctrica usa esta energía térmica para
271 producir electricidad.

273   El océano es una enorme fuente de energía. Tal vez,
283 algún día, el mundo funcionará con energía oceánica.

Nombre _____

A. Vuelve a leer el texto y responde las preguntas.

1. ¿De qué trata este texto?

_____

_____

2. Menciona un dato que incluye el autor sobre la energía oceánica.

_____

_____

3. ¿Qué otro dato incluye el autor sobre la energía oceánica?

_____

_____

4. ¿Cuál es el propósito del autor al escribir este texto?

_____

B. Trabajen con un compañero o una compañera. Lean el texto en voz alta. Presten atención a la entonación. Deténganse después de un minuto. Completen la tabla.

	Palabras leídas	–	Cantidad de errores	=	Puntaje: palabras correctas
Primera lectura		–		=	
Segunda lectura		–		=	

Nombre _____

Cada lata cuenta

Reciclar una lata significa que el mismo material puede usarse otra vez. La energía no se desperdicia en fabricar nuevos materiales para hacer una lata nueva. La energía que se ahorra al reciclar una lata puede hacer funcionar un televisor durante tres horas.

Recicla una lata

→

Se usa menos energía

→

La energía ahorrada hace funcionar un televisor

Responde las preguntas sobre la selección.

1. ¿Cómo sabes que este texto es expositivo?

_____

_____

2. ¿Por qué es importante reciclar latas?

_____

3. ¿Qué información muestra el diagrama?

_____

4. ¿Qué acción describe el primer rótulo?

_____

Nombre _____

> Observa este ejemplo de **claves del contexto** en un párrafo. Las palabras subrayadas ayudan a explicar el significado de *energía*.
>
> Todos los días usamos **energía** para <u>realizar tareas</u>. Con la energía, podemos <u>encender la luz, calentar nuestros hogares, cocinar la comida y encender una computadora</u>.

Lee los párrafos. Escribe el significado de la palabra en negrilla. Subraya las claves del contexto.

1. Sí, la energía puede provenir del océano. En la actualidad, no hay muchas centrales eléctricas oceánicas. Sin embargo, el océano es una gran **fuente** de energía.

   _____

2. El océano tiene **mareas** altas y bajas. Esto significa que el agua sube y baja cada doce horas. Esta energía de las mareas puede usarse para producir electricidad.

   _____

3. El movimiento de las olas oceánicas puede encender una máquina construida para producir energía. Las olas suben y bajan dentro de la máquina. Hacen girar partes de la máquina. La máquina produce **electricidad**.

   _____

4. La temperatura del agua en la **superficie** del océano es más cálida que en el fondo. Esto sucede porque el Sol calienta el agua de la capa superior. En lo profundo, el agua es muy fría.

   _____

Nombre _____

A. Lee el borrador. Usa las preguntas como ayuda para agregar palabras de contenido.

Borrador

Una radio necesita algo para hacerla funcionar. Puede funcionar con electricidad. También, puede funcionar a pilas. Algunas radios tienen un panel solar para cargar las pilas.

---

1. ¿Qué palabras de contenido puedes agregar para dar información sobre una radio?

2. ¿Qué palabras de contenido puedes agregar para dar información sobre la electricidad?

3. ¿Qué palabras de contenido puedes agregar para dar información sobre una pila?

B. Ahora revisa el borrador y agrega palabras de contenido relacionadas con radios, electricidad y pilas.

_____

_____

_____

_____

_____

Nombre _____

El niño que escribió el texto de abajo usó evidencias de dos fuentes distintas para seguir la pregunta: *¿Cómo dependemos de la Tierra para tener energía?*

Las personas dependen de la luz del Sol y del agua de la Tierra para tener energía. La energía del Sol ingresa en el agua de la Tierra. Las personas atrapan la energía en diques y la utilizan para crear electricidad. Esta viaja por cables para iluminar nuestros pueblos y ciudades. El agua se recicla en el ciclo del agua. Nunca desaparece, así que siempre puede utilizarse. Además, las personas obtienen el agua de la Tierra. Y el Sol nos da alimentos. Las plantas utilizan la energía del Sol para crecer. ¡Consumimos las plantas y la energía llega a nosotros! La Tierra nos brinda electricidad, agua para beber y alimentos para consumir.

Vuelve a leer el texto. Sigue las instrucciones.

1. **Encierra en un círculo** un dato que utilizó Héctor de "La potencia del agua".

2. **Encierra en un cuadro** dos palabras de contenido.

3. **Subraya** un detalle que utilizó Héctor para desarrollar su punto de vista.

4. Escribe el artículo que aparece dos veces en la primera oración del texto.

_____

Nombre _____

buceador	equipo	exploración	máquina
nave	preparar	reparar	traje

Elige la palabra de vocabulario que corresponda para completar cada oración. Luego, escribe la palabra sobre la línea.

1. Las cortadoras de césped son _____ que facilitan conservar el césped en buenas condiciones.

2. Un _____ se sumerge en el océano para explorar su fauna y su flora.

3. Necesito _____ esta computadora averiada.

4. La _____ pirata arribó al puerto con un gran tesoro.

5. Los científicos planearon una _____ por el bosque tropical.

6. ¿Cómo te _____ para tu día de campo?

7. Mi papá siempre se viste de _____ para las reuniones de trabajo.

8. Es bueno trabajar en _____ cuando tienes que realizar alguna tarea demasiado grande para ti solo.

Nombre _____

Lee el texto. Completa el organizador gráfico de idea principal y detalles clave.

Nombre _____

Lee el texto. Usa la estrategia de resumir para contar las ideas importantes con tus propias palabras.

Un equipo antártico

	Los equipos exploran lugares por todo el mundo.
8	¿Por qué trabajan en equipo? Cada persona tiene una
17	destreza especial que ayuda a todo el equipo.
25	La Antártida es un lugar increíble para explorar.
33	Todos los años, varios equipos viajan allí para estudiar
42	la región. Cada miembro del equipo tiene una tarea
51	importante para realizar.
54	Una de las primeras tareas es montar una estación
63	de investigación o un campamento base. Aquí es donde
72	las personas viven, trabajan y realizan expediciones de
80	estudio. Algunos miembros del equipo construyen los
87	refugios del campamento.
90	Al campamento se puede llegar por aire. Los pilotos
99	conducen aeronaves y helicópteros. Transportan
104	personas y equipos al campamento.

Nombre _____

Un avión lleva a los miembros del equipo de regreso a sus hogares.

109   Los científicos trabajan como parte del equipo para
117 aprender más sobre la Antártida. Cada científico lleva
125 a cabo un proyecto diferente. Algunos estudian la
133 vida vegetal. Otros se dedican a la zoología. Algunos
142 estudian el clima y el tiempo. Otros, los glaciares.

151   Los demás miembros del equipo se encargan de
159 cuidar los refugios y los vehículos. Algunos inspeccionan
167 el sistema eléctrico del campamento para asegurarse de
175 que funcione. Otros reparan los equipos averiados.

182   Un médico y una enfermera cuidan a los miembros
191 enfermos. Hay bomberos, quienes trabajan para evitar
198 los incendios.

200   Explorar la Antártida no es una tarea para una sola
209 persona. Debe formarse un equipo. Y todos los miembros
218 deben realizar las tareas que mejor saben hacer.

Nombre _____

A. Vuelve a leer el texto y responde las preguntas.

1. ¿Cuál es un detalle clave del texto?

_____

_____

2. ¿Cuál es otro detalle clave del texto?

_____

_____

3. ¿Cuál es la idea principal del texto?

_____

_____

B. Trabajen con un compañero o una compañera. Lean el texto en voz alta. Presten atención a la pronunciación. Deténganse después de un minuto. Completen la tabla.

	Palabras leídas	–	Cantidad de errores	=	Puntaje: palabras correctas
Primera lectura		–		=	
Segunda lectura		–		=	

Nombre _____

Un mamut bebé

En Rusia, un pastor de renos halló el cuerpo de un mamut bebé. Lo trasladaron a un museo. Los científicos de todo el mundo lo estudiaron. Lo enviaron a Japón para analizarlo. Los científicos intentaron aprender todo lo que fuera posible sobre él.

El mamut bebé fue hallado en Rusia.

Rusia

Península de Yamal

Responde las preguntas sobre la selección.

1. ¿Cómo sabes que este es un texto expositivo?

_____

_____

2. ¿Cómo se trabajó en equipo cuando se halló el mamut bebé?

_____

_____

3. ¿Qué aprendes del mapa?

_____

_____

Puedes conocer el significado de las palabras desconocidas al observar las **raíces de las palabras**. Algunas palabras del idioma español tienen **raíces griegas o latinas**.

aero = aire

enferm = enfermo

zoo = animal

spec = mirar

Lee las oraciones. Encierra en un círculo la raíz de la palabra en negrilla. Luego, escribe una definición de la palabra.

1. Un médico y una **enfermera** cuidan a los miembros enfermos.

_____

2. Otros se dedican a la **zoología**.

_____

3. Los pilotos conducen **aeronaves** y helicópteros.

_____

4. Algunos **inspeccionan** el sistema eléctrico del campamento para asegurarse de que funcione.

_____

Nombre _____

A. Lee el borrador. Usa las preguntas como ayuda para agregar detalles que apoyen la idea principal.

Borrador

El trabajo en equipo es importante para los exploradores de la selva. Hay muchas tareas para los miembros del equipo. Un miembro del equipo lee los mapas para que los demás sepan dónde están.

---

1. ¿Por qué un equipo necesita mapas?

2. ¿Qué otras clases de tareas podrían realizar los miembros del equipo?

3. ¿Qué otros detalles puedes agregar para demostrar por qué el trabajo en equipo es importante?

B. Ahora revisa el borrador y agrega detalles que apoyen y expliquen la idea principal del trabajo en equipo.

_____

_____

_____

_____

_____

Nombre_____

La niña que escribió el texto de abajo usó evidencias de dos fuentes distintas para seguir la pregunta: *¿Qué preferirías ser: un astronauta o un escalador?*

Preferiría ser una astronauta a una escaladora. Ambos trabajos parecen duros pero ser astronauta me resulta más emocionante. Leí que diferentes tipos de personas pueden ser astronautas. ¡Yo también podría serlo! Aprendería a pilotear el transbordador espacial para poder ser la piloto. Podría usar un traje espacial con una cámara de TV pero creo debería esperar a ser mayor. El traje espacial es más pesado que yo. ¡Pesa 280 libras! Además, podría flotar en un avión especial llamado Cometa del vómito. Espero no descomponerme. Para ser un escalador, debes hacer muchos ejercicios para prepararte. Los miembros de Team Jordan corrieron largas distancias con bolsos pesados tirando de neumáticos. Al acercarse a la cima tuvieron que usar máscaras de oxígeno para no enfermarse. ¡Preferiría flotar en el espacio a tener que arrastrar neumáticos!

Vuelve a leer el texto. Sigue las instrucciones.

1. **Encierra en un círculo** la oración que muestra el tema del párrafo.

2. **Encierra en un cuadro** un detalle que respalda por qué Melissa deberá esperar para ser una astronauta.

3. **Subraya** la conclusión determinante de Melissa.

4. Escribe un adjetivo de comparación del texto.

Nombre _____

comprar	inventar	plata	precio
registro	sistema	valer	valorar

A. Elige la palabra de vocabulario que corresponda a cada pista. Escribe la palabra sobre la línea.

1. tener algo un determinado precio, costar _____

2. datos que se escriben sobre algo _____

3. crear algo que antes no existía _____

4. lo que debes pagar para comprar algo _____

5. plan o conjunto de reglas para hacer algo _____

6. darle valor a algo _____

7. billetes y monedas que puedes usar para comprar algo

_____

8. obtener algo al pagar dinero _____

B. Elige una palabra de vocabulario. Escribe una oración que contenga esa palabra.

9. _____

_____

_____

Nombre _____

Lee el texto. Completa el organizador gráfico de problema y solución.

Problema

↓

Pasos para la solución

↓

Solución

Nombre _____

Lee el texto. Usa la estrategia de resumir para contar las ideas importantes con tus propias palabras.

Cómo hacer un presupuesto

Ganas algo de dinero, pero lo gastas todo y no te
11   queda nada. ¿Qué puedes hacer para controlarlo?
18   Puedes hacer un presupuesto para administrar tu
25   dinero.

26   ### ¿Qué es un presupuesto?

30   Un presupuesto es un plan para mantener un registro
39   del ingreso y de la salida del dinero. El gobierno tiene
50   un presupuesto. Muchas familias tienen un presupuesto.
57   Tú también puedes tener un presupuesto.

63   ### Ingresos

64   Primero piensa en el dinero que obtienes. ¿De dónde
73   proviene? Quizás, obtengas una mesada, ganes dinero
80   por un trabajo o te lo den como un regalo. Todo el
92   dinero que obtienes se llama "ingresos".

98   ### Gastos

99   Ahora piensa en el dinero que necesitas gastar. ¿A
108   dónde va el dinero? Quizás, debas comprar el almuerzo
117   o pagar clases de música. El dinero que gastas se llama
128   "gastos".

Copyright © McGraw-Hill Education

Nombre _____

129 **Gastar dinero**

131   Resta los gastos de los ingresos. El monto que queda
141 es el dinero que puedes gastar en lo que quieras. Sin
152 embargo, tal vez, no tengas el dinero suficiente como
161 para comprar algo que quieres.

166   Esto es lo que puedes hacer. Proponte un objetivo
175 de ahorro para lo que quieras comprar. Cada vez
184 que obtienes dinero, aparta una porción, o parte, de
193 él. Quizás, debas ahorrar durante algunas semanas
200 o algunos meses. Esto dependerá del costo de lo que
210 quieras comprar. Sigue ahorrando hasta alcanzar tu
217 objetivo. Luego, podrás comprar lo que quieres.

224   Muchas personas hacen un presupuesto para
230 administrar su dinero. Tú puedes hacer un presupuesto
238 para que tu dinero te alcance. Un presupuesto te
247 ayudará a pagar tus gastos y a ahorrar dinero para
257 comprar todo lo que quieras.

Nombre _____

A. Vuelve a leer el texto y responde las preguntas.

1. ¿Qué problema se describió en el primer párrafo del texto?

_____

_____

2. ¿Cuál es uno de los pasos para resolver el problema?

_____

_____

3. ¿Cuál es la solución al problema?

_____

_____

B. Trabajen con un compañero o una compañera. Lean el texto en voz alta. Presten atención a la entonación. Deténganse después de un minuto. Completen la tabla.

	Palabras leídas	–	Cantidad de errores	=	Puntaje: palabras correctas
Primera lectura		–		=	
Segunda lectura		–		=	

Nombre _____

Cómo pagamos

El dinero en la actualidad
Hoy las personas usan billetes y monedas
para pagar algo. Eso puede cambiar.

El dinero en el futuro
Quizás, no haya billetes
ni monedas. Tal vez,
se pueda pagar solo
por medio de una
computadora o de
un teléfono celular.

Responde las preguntas sobre la selección.

1. ¿Cómo sabes que este es un texto expositivo?

_____

_____

2. ¿De qué trata la primera parte del texto?

_____

_____

3. ¿Qué puedes saber de la segunda parte del texto cuando
lees el subtítulo?

_____

_____

Nombre _____

> Observa este ejemplo de **claves de contexto** dentro de un párrafo. Las palabras subrayadas ayudan a explicar lo que significa *restar*.
>
> **Resta** los gastos de los ingresos. <u>El monto que queda</u> es el dinero que puedes gastar en lo que quieras.

Lee los párrafos. Escribe el significado de la palabra en negrilla. Subraya las claves del contexto.

1. Ganas algo de dinero, pero lo gastas todo y no te queda nada. ¿Qué puedes hacer para controlarlo? Puedes hacer un presupuesto para **administrar** tu dinero.

   _____

2. Un **presupuesto** es un plan para mantener un registro del ingreso y la salida del dinero. El gobierno tiene un presupuesto. Muchas familias tienen un presupuesto. Tú también puedes tener un presupuesto.

   _____

3. Primero piensa en el dinero que obtienes. ¿De dónde proviene? Quizás, obtengas una mesada, ganes dinero por un trabajo o te lo den como un regalo. Todo el dinero que obtienes se llama **"ingresos"**.

   _____

4. Ahora piensa en el dinero que necesitas gastar. ¿A dónde va el dinero? Quizás, debas comprar el almuerzo o pagar clases de música. El dinero que gastas se llama **"gastos"**.

Nombre _____

A. Lee el borrador. Usa las preguntas como ayuda para agregar un buen final.

Borrador

Las personas pueden ahorrar dinero en un banco. Pueden sacar dinero de un cajero automático del banco. También la gente puede usar los bancos para pagar sus cuentas.

---

1. ¿Cuál es el tema del texto?

2. ¿Cuál es la idea principal?

3. ¿Qué información podrías incluir en una oración final?

B. Ahora revisa el borrador y escribe un buen final que resuma la idea principal.

_____

_____

_____

_____

_____

_____

Nombre _____

La niña que escribió el texto de abajo usó evidencias de dos fuentes distintas para seguir la pregunta: *¿Cómo usan los autores de "Locura por el dinero" y de "El rey Midas y el toque dorado" la secuencia para organizar el texto?*

Los dos autores usaron secuencias para organizar sus textos. Ambos comenzaron con el hecho que sucedió primero y contaron las historias en el orden en el que se dieron los hechos. En "Locura por dinero", el autor explica en el comienzo cómo era la vida cuando no existía el dinero. Luego, habla sobre las primeras clases de dinero, como las vacas y las rocas. Después, describe cómo se inventó el dinero que usamos hoy en día. Al contar la historia en el orden en el que sucedió, me ayuda a comprender la historia del dinero. El autor de "El rey Midas y el toque dorado" también usa la secuencia. Utiliza palabras como "Hace muchos años" y "un día" para explicar cuándo sucedió algo. Explica el día del rey Midas en orden. Comienza en el jardín durante el día y termina en la cena. Los autores de "Locura por dinero" y "El rey Midas y el toque dorado" usaron secuencias para ayudarme a comprender los sucesos en orden.

Vuelve a leer el texto. Sigue las instrucciones.

1. **Encierra en un círculo** un dato de "Locura por dinero".

2. **Encierra en un cuadro** la palabras de secuencia que usa Farah para organizar su respuesta a la consigna.

3. **Subraya** la conclusión.

4. **Escribe** una frase preposicional que usa Farah.

Nombre _____

| armonía | dibujar | imaginación | poeta |

A. Elige la palabra de vocabulario que corresponda a cada pista. Escríbela sobre la línea.

1. trazar una figura sobre una superficie _____

2. combinación agradable de sonidos _____

3. persona que escribe poemas _____

4. capacidad para formar ideas en la mente _____

B. Completa las oraciones con una palabra de vocabulario.

5. La _____ de las voces del coro de la escuela nos maravilló.

6. Todos los niños _____ a sus mascotas.

7. Usa tu _____ para inventar una historia y escribirla.

8. En esta clase, estudiaremos la poesía de los grandes _____ del siglo XX.

C. Elige una palabra de vocabulario. Escribe una oración que contenga esa palabra.

9. _____

Nombre _____

Lee el texto. Completa el organizador gráfico de punto de vista.

Personaje	Pista	Punto de vista

Nombre _____

Lee el poema. Usa la estrategia de resumir para volver a contarlo con tus propias palabras.

Creciendo en un día

Si en un solo día pudiera crecer
7   ¿qué trabajo podría yo hacer?

12   Podría ser un maestro. Sí, me gustaría enseñar,
20   para que los estudiantes pudieran aprender y aprobar.
28   Los niños serían un ejército de hormiguitas laboriosas
36   yendo a clase, muy airosas.
41   Sus sonrisas, brillantes y cálidos soles,
47   llenarían de luz todos los rincones.

53   O quizá podría ser un gran cocinero.
60   Mis cuchillas serían un rayo certero
66   cortando a toda velocidad alimentos saludables
72   para dar de comer a todos con dedicación y esmero.

Nombre _____

82   ¿Y si fuera un valiente bombero?

88   Apagaría todos los incendios

92   con nervios de acero.

96   Y también rescataría, solidario,

100   a los gatos traviesos del vecindario.

106   Mis piernas serían máquinas veloces

111   con las que rápido a los árboles treparía

119   y a los pobres gatitos salvaría.

125   Para crecer todavía me falta mucho tiempo.

132   Pero pensar en las tareas que podría realizar,

140   me ha hecho sonreír con alegría.

Nombre _____

A. Vuelve a leer el texto y responde las preguntas.

1. ¿Por qué piensa el muchacho que quiere ser maestro cuando crezca?

_____

_____

2. ¿Por qué piensa que le gustaría ser bombero?

_____

_____

3. En el poema, ¿cuál es el punto de vista del muchacho sobre el trabajo?

_____

_____

B. Trabajen con un compañero o una compañera. Lean el texto en voz alta. Presten atención a la expresividad. Deténganse después de un minuto. Completen la tabla.

	Palabras leídas	–	Cantidad de errores	=	Puntaje: palabras correctas
Primera lectura		–		=	
Segunda lectura		–		=	

Nombre _____

Soñaba

Soñé una noche cualquiera que yo iba a visitar

a mi amiga la ballena en el fondo del mar.

Jugamos al escondite un largo rato, sin parar.

Nos buscaba un pulpo grande que no nos pudo
encontrar.

A pesar de divertirme, pronto quise regresar.

¡Estaba todo muy oscuro en lo profundo del mar!

Responde las preguntas sobre el poema.

1. ¿Cómo sabes que este texto es poesía?

_____

_____

2. ¿Qué palabras riman al final de los versos?

_____

3. ¿Qué agregan al poema las palabras que riman?

_____

Nombre _____

> Una **metáfora** compara dos cosas diferentes, pero **no** emplea las palabras *como* o *tan...como.*

Lee los versos. Escribe las dos cosas que el autor compara. Luego, explica qué significa cada metáfora.

1. Los niños serían un ejército de hormiguitas laboriosas, yendo a clase muy airosas.
   ¿Qué cosas compara el autor?

   _____

   Los dos _____.

2. Sus sonrisas brillantes y cálidos soles, llenarían de luz todos los rincones.
   ¿Qué cosas compara el autor?

   _____

   Los dos _____.

3. Mis piernas serían máquinas veloces con las que rápido a los árboles treparía.
   ¿Qué cosas compara el autor? _____

   Las dos _____.

4. Mis cuchillas serían un rayo certero, cortando a toda velocidad alimentos saludables.
   ¿Qué cosas compara el autor? _____

   Los dos _____.

Nombre _____

A. Lee el borrador. Usa las preguntas como ayuda para mejorar el texto empleando palabras expresivas.

Borrador

Yo imagino aventuras diferentes
y las pinto con colores en mi mente.

---

1. ¿Dónde podrías agregar adjetivos expresivos?

2. ¿Dónde podrías agregar adverbios expresivos?

3. ¿Qué palabras podrías reemplazar por palabras más expresivas?

B. Ahora revisa el borrador y agrega palabras expresivas.

_____

_____

_____

_____

_____

Nombre_____

El niño que escribió el texto de abajo usó evidencias de dos fuentes distintas para seguir la instrucción: Escribe un poema con rima, metáforas y lenguaje preciso acerca de la imaginación.

> Cierro los ojos, imagino.
>
> La luna es un gran farol
>
> que ilumina mi camino.
>
> Entonces, me siento feliz.
>
>
> Abro los ojos, espero.
>
> La luna ríe alegremente
>
> cuando voy por el sendero.
>
> Entonces, me siento mucho más feliz.

Vuelve a leer el texto. Sigue las instrucciones.

1. **Encierra en un círculo** una metáfora del poema.

2. **Encierra en un cuadro** un ejemplo de palabras expresivas en el poema.

3. **Subraya** un ejemplo de la imaginación de Thomas.

4. Escribe un ejemplo de adverbio en el texto de Thomas.